与最聪明的人共同进化

HERE COMES EVERYBODY

CHEERS

不较劲的养育

〔美〕雷克斯·福汉德
Rex Forehand
尼古拉斯·朗 著
Nicholas Long

Parenting the Strong-Willed Child

袁伟 译

浙江教育出版社·杭州

谨以此书献给
所有个性强的孩子的父母

5 周教养方案，养出有个性但不任性的孩子

面对那些个性非常强的孩子时，他们的父母常常很沮丧，一方面是因为孩子的行为而沮丧，另一方面是因为不知道如何养育这样的孩子而沮丧。如果你是这些父母中的一员，那么你并不孤单。最重要的是，这里有你所需要的养育个性强的孩子的宝典。

我们花几十年时间研发、评估和实践，形成了一套 5 周教养方案，目的是给个性强的孩子的父母传授一些可以纠正孩子行为的育儿技巧，帮助他们解决孩子常见的行为问题，尤其是不听父母话的问题。

过去 40 年来，我们和美国很多研究人员一起对 5 周教养方案进行了深入研究。研究表明，该方案非常有效。完成该方案的家庭反馈结果通常如下：亲子关系得到改善（父母与孩子之间的互动更加积极），孩子更加在意父母的话，孩子在家以及在幼儿园等其他场合的行为问题显著减少。研究人员对完成 5 周教养方案 15 年后的孩子进行追踪研究，发现上述积极结果得到了长期的保持。

因为 5 周教养方案十分有效，所以我们经常在一些专业杂志和书籍中发表有关内容。我们也给美国的心理学家和其他专业人士传授该方案中的育儿技巧，以便他们在指导个性强的孩子的父母时能够应用。

我们竭尽全力想要帮助尽可能多的家庭，这就是我们决定撰写本书并一再修订的原因。《不较劲的养育》涵盖了 5 周教养方案中的大部分育儿技巧。我们相信，通过阅读本书，并按照书中的建议和练习方法去做，大多数父母都能够学会这些经过临床验证的育儿技巧。只要正确运用这些育儿技巧，就一定能够改善亲子关系，减少孩子因为其强烈的个性而产生的行为问题。

我们的结论是，读本书能够改变你的孩子的个性强行为。有两篇已发表的研究报告对我们的这一结论表示支持。在一项独立调查研究中，美国阿肯色大学医学院的尼古拉·康纳斯（Nicola Conners）博士及其合作者在育儿小组的参与者中发现，那些以本书作为教材的父母育儿压力更小，能够采取更多有效的育儿行为，孩子的行为问题也更少。另外，本书的两位作者及其两位同事玛丽·简·麦钱特（Mary Jane Merchant）和埃米莉·加拉（Emily Garai）都发现，读过本书的父母普遍反映孩子的行为问题明显减少。针对一些具体的个性强行为，相比较那些仅阅读普通育儿书籍的父母，读过本书的父母反映孩子行为问题减少得更为明显。不过，值得一提的是，父母只有读完本书中关于实施 5 周教养方案的全部或大部分章节（第 5 章至第 11 章），效果才会明确显现。也就是说，如果你想改善孩子因为强烈个性导致的一些不妥当的行为，就必须真正通读这本书。（两篇研究报告的完整引文见参考资料中的 "可供专业人士阅读的资料" 部分）

本书还曾获得美国行为与认知疗法协会授予的 "优秀图书奖"，获奖理由是本书为公众普及了心理治疗的好处，并且被证实有效。

但是，如果你的孩子的行为问题十分严重，或者可能有注意缺陷多动障碍等行为障碍时（见第 4 章），则需要寻求专业帮助。我们建议你咨询孩子的心理医生或精神健康专业人员，请他们进行评估并提供帮助。美国行为与认知疗法协会可以帮你找到治疗师。不过，即使是对于那些需要专业指导的家庭，我们认为本书所提出的育儿技巧也会有辅助作用。

本书主要内容

解决个性强行为的策略分为三个层面。第一个层面是帮助你认识 2～6 岁的孩子有哪些个性强行为及影响这种行为的不同因素。第二个层面是利用具体的育儿技巧来解决个性强的孩子常见的行为问题。第三个层面是帮助你建立牢固的家庭基础，让育儿技巧更加有效地发挥作用。三个层面结合起来就形成一个整体的策略，用来了解孩子的行为，并用一定的方法纠正孩子的不当行为。

本书共分为三个部分，分别从三个不同层面阐述育儿策略，附录部分阐述如何综合前三部分所学的内容，结合其他实用建议，解决具体的行为问题。第一部分主要分析导致孩子个性强行为的原因。首先阐述气质在个性强行为中的根本性作用。然后阐述你对孩子行为的反应可能会影响、有时甚至会加重孩子的行为问题。接下来阐述离婚、你与配偶之间的矛盾、你的心情、酗酒及电子产品等因素对孩子行为的影响。最后，由于父母通常很难区分个性强行为和注意缺陷多动障碍，这部分的结尾详细说明了两者之间的差异。

第二部分以一个 5 周教养方案的形式阐述了育儿技巧，主要解决个性强的孩子的有关行为问题。到第 5 周周末，你会发现你和孩子的关系有了极大改善，孩子的行为也有了很大改进。

第三部分重点阐述如何营造更加积极的家庭氛围。这部分旨在加强和巩固 5 周教养方案所取得的积极成效，主要为你提供改善家庭生活、提高沟通技巧、培养对孩子的耐心、增强孩子的自我肯定感以及教授孩子基本社交技巧等有关策略。

附录针对个性强的孩子常见的具体行为问题提供了应对策略。每一个问题都有针对性的解决方法。这些建议是对第二部分和第三部分提到的育儿技巧的补充。

参考资料中列出了可能对父母有用的书目及可能对专业人士有帮助的参考文献。

有研究表明，文化背景的确会影响父母的育儿观念和孩子的行为。《不较劲的养育》在美国首次出版以来，提出的 5 周教养方案的基本原则和育儿技巧对大多数的父母和大多数个性强的孩子都能奏效。你可能仅需根据自己的文化背景对这些育儿技巧适当微调。

同样，近年来，人们对父亲在家庭中的作用也研究得越来越多。在有些家庭中，父亲应用育儿技巧的水平和程度可能与母亲不同。但是，最重要的是，父亲要积极参与到育儿之中，而且，父母的育儿态度要尽可能保持一致。如有可能，父母双方都应当阅读本书，共同改变个性强的孩子的行为。即使父母不能同时参与，只要父母中有一方按照书中的技巧处理，这种方法仍然有效。

我们希望本书能够帮助你了解个性强的孩子的行为，学到有效的育儿技巧，并学会如何巩固和加强这些育儿技巧。请在学习应用这些技巧的基础上参考我们所提供的其他建议，这样能够有效解决你因为孩子行为产生的困扰，增强你养育孩子的成就感。

　　作者按：提及孩子时，为叙述方便，我们决定用男性代词"他"指代，这并非暗示女孩不会出现个性强的行为。同样，提及父母时，我们用女性代词"她"指代。

测一测

你知道如何养育个性强的孩子吗？

- 孩子早期的气质特点与其后期的行为问题有联系吗？

  A. 有

  B. 没有

- 决定我们性格的主要是天生的气质还是后天的育儿方式？

  A. 天生的气质

  B. 后天的育儿方式

  C. 二者相互作用

  D. 都不是

- 个性强的孩子通常都有强烈的独立感，但这也让这些孩子变得固执、自我膨胀和叛逆。以下哪项不是个性强的孩子的特点？

  A. 需要持续不断地给予关注

  B. 拒绝改变

  C. 总是想要按照自己的意愿行事

  D. 对他下达命令，他很快就能照做

扫描左侧二维码查看本书更多测试题

Parenting the Strong-Willed Child

第一部分

任性不是孩子的错

作为父母，如果你能够了解个性强的孩子的行为，知晓行为的根源，就能更好地对症下药、解决问题。如果你了解个性强的行为的成因，就能及时地调整育儿策略，有效纠正孩子的行为问题。第一部分主要向大家介绍以下几点：气质在孩子行为中的决定作用（第 1 章），你对孩子行为的反应可能会强化孩子的行为问题（第 2 章），家庭内外各种因素对孩子行为的影响（第 3 章），如何区分个性强的行为和注意缺陷多动障碍（第 4 章）。

第1章
孩子为什么不听话

　　"他生来就很倔!"这是汤姆的父母在他两岁时告诉我们的。他们说,汤姆出生几个小时后,医院护士告诉他们,汤姆性情暴躁,一直不停地哭闹。父母以为那是因为新生儿常见的肚子疼,长大后,哭闹的情况可能会减少。但是,几个月过去,汤姆仍然频繁哭闹、生气。一直到18个月大时,他还总是用哭闹和生气来达到目的或是表达不满。让他洗澡哭,让他穿衣服哭,让他睡觉和起床他的火气更大……总之就是不高兴。

　　4岁的约翰非常外向,也很独立。然而他的父母和幼儿园老师都说,他固执得九头牛都拉不回。如果不能如愿以偿,他就会很沮丧,会发脾气。他发脾气的方式包括叫喊、哭闹、跺脚等。约翰活泼好动,一刻也停不下来,精力无比旺盛。因为好动,他总是摔跤。尽管大多数时候并没有摔疼,他还是每次都哭喊尖叫,表现得像是受到了致命伤害。

　　玛丽6岁,正在上幼儿园。学校测试显示她有着超出常人水平的智商和学习技能。玛丽很自信,在很多挑战活动中,大多数孩子都放弃了,她却依然能够坚持。玛丽对父母的说教从来都表现出一种散漫的态度,在幼儿园却很听老师的话。不过,上一年级后,玛

丽在学校也开始变得散漫。起初她只是无视老师对她的要求，后来
发展到公开顶撞老师。对老师的要求，她公然表示："不，我是不
会那样做的！"玛丽的父母担心这种行为会影响到她将来的学业。

什么是个性强的行为

汤姆、约翰和玛丽的父母都认为他们的孩子个性很强。但个性强的真正
含义是什么呢？以我们的经验来看，个性强的孩子通常都有非常强烈的独立
感。通常看来，独立是一种正面的品质，因为独立的人一般都果敢、自信、
坚定、有毅力。但同时，强烈的独立感也常常让这些孩子变得固执、自我膨
胀和叛逆。我们组织了一次问卷调查，旨在了解父母的意见，看他们是否同
意我们关于个性强的孩子性格特点的看法。我们给同一个亲子班中 2~6 岁
孩子的父母发放了问卷，了解他们是否认为自己的孩子个性很强，并请他们
列出这样的孩子具有哪些性格特点。令人吃惊的是，高达 48% 的父母都认
为他们的孩子个性很强。本章后面题为"你的孩子个性很强吗？"的专栏中，
详细列举了他们对那些孩子的具体描述。

个性强的孩子常常会让父母感到十分沮丧和束手无策（你或许对此深有
感触）。实际上，这种个性同时蕴含着正面和负面的品质，关键是要激发和
培养他们个性中的正面品质，将负面品质对自己和他人的影响降至最低。

大多数父母都对孩子的行为有期待和要求，认为那样对孩子和家庭才是
最好的，个性强的孩子的父母也不例外。如果你也和他们一样，那么你势必
会和孩子之间冲突不断。如果事实真的如我所说，那么你就需要对孩子多下

点功夫，对他的个性强的行为加以正面引导。本书旨在帮助你引导孩子正面利用其个性强的品质，把个性中的负面影响降至最低。我们希望你的孩子能够学会积极利用自己的强烈意志，在其助力之下变得出类拔萃。

气质是首要影响因素

孩子的个性是如何变得如此强的呢？个性强的许多特点源于孩子的气质。气质是孩子的行为基础，在这个基础上受到一系列互动因素的影响，尤其是父母教养方式的影响，一定的气质在多种因素的影响下，最终形成了所谓的个性强的行为。这部分内容我们将在第 2 章和第 3 章中详细介绍。本章着重帮助你了解气质及其与孩子和父母行为之间的关系。

气质一般是指孩子与生俱来的行为风格或行为方式。气质在孩子接触、体验和融入社会关系的方式中有所体现。设想这样一个情景，两个同为 15 月龄的孩子在草地上奔跑，都不慎摔倒，都没有受伤，其中一个孩子摔倒后便尖声哭喊，另一个孩子则大笑着自己爬起来接着跑。这两个孩子对于摔倒这件事的不同表现，部分反映了他们气质的不同。

气质通常被认为是与生俱来的东西。许多专业人士认为，孩子的基本气质在婴幼儿早期已显端倪，而此时父母的教养方式还来不及对其行为产生重要影响。不过，你的孩子的实际行为（比如在不允许他做某件事时他所表现出来的行为）是他的气质和你的教养方式结合的产物，关于这一点，我们稍后为你介绍。

你的孩子个性很强吗？

如果你的孩子个性很强，那么在他的婴儿时期你可能就已经有所感觉了，这样的孩子对自己的需求感受强烈，并且会设法让你知道他的感受。一个亲子班中的一组父母这样描述他们个性强的孩子：

- 如果他不想做某件事，你完全没有办法让他去做。
- 所有的事情都只想着自己。
- 需要持续不断地给予关注。
- 总是想要按照自己的意愿行事。
- 不承认成年人（包括父母）的权威。
- 执拗。
- 情绪化。
- 固执。
- 独立。
- 坚定。
- 喜怒无常。
- 脾气坏。
- 经常顶嘴。
- 过度敏感。
- 经常发脾气。
- 负面反应——一切皆战争。
- 散漫。
- 拒绝指导。
- 不遵守纪律。

- 随心所欲。

- 会对父母进行说教。

- 非常外向。

- 抗拒对他所做的一切，比如换尿布、洗澡、穿衣服等。

- 任性顽固。

- 好争辩。

- 好斗。

- 总是沮丧。

- 霸道。

- 自信。

- 对事物充满质疑。

- 独断专行。

- 即使你告诉他更简单的方法，他也坚持用自己的方法去完成任务。

- 为达到目的不停哭喊。

- 只能按照他的意愿行事，否则说什么也行不通。

- 凡事都要争论一番。

- 凡事走极端。

- 去做一件令人崩溃的事情（可能超出其年龄水平），直到做完为止。

- 会专注于一件事，坚持到达到目的为止。

- 有主见。

- 拒绝改变。

这些描述是不是有点像你的孩子呢？如果是，你并不孤单。

研究人员已经明确了许多气质特点。孩子的整体气质包含多个气质特点，从来就没有什么纯粹的"个性强的气质"，很多个性强的孩子都具备多种气质特点。气质特点包括反应性（对不同环境和事物正面或负面反应的强烈程度）、适应性（对环境和事物发展变化的适应程度）、毅力（坚持某项活动的时间长度）以及情绪性（心情和情感的稳定性及其正面和负面情绪）。相较其他孩子而言，个性强的孩子往往更难适应变化，对环境和事物的反应往往更加强烈，在想要达到目的时更加有毅力，同时也更加情绪化。

总之，我们通常会在个性强的孩子身上发现多种明显的气质特点。这种发现引出另一个问题：孩子早期的这些气质特点与其后期的行为问题有联系吗？

大量调查研究表明，孩子早期的气质与其后期的行为密切相关。比如，随着年龄的增长，那些更容易烦躁不安、更难适应新环境（困难型气质）的婴幼儿多半会出现更多的行为问题。研究发现，婴幼儿时期的困难型气质与3～12岁时的攻击性行为问题关系密切。孩子的早期气质不仅影响其后期的行为问题，还会影响其长大后与同伴的关系、学前适应能力甚至学业成绩等其他方面的问题。然而，这些研究同样表明，气质并不能完全解释孩子的行为问题，我们接下来将要讨论到这一点。

气质、育儿方式和行为

许多父母想知道，个性强的行为是由孩子自身的气质造成的，还是由父母的育儿方式导致的。这个问题就像我们经常争论的另一个问题：决定我们性格的主要是先天的秉性还是后天的培养？由于气质和育儿方式不断互相影响，我们很难分清导致孩子个性强行为的究竟主要是气质还是育儿方式。有趣的是，最近的几个研究报告发现，困难型气质的孩子比中间型气质或平易型气质的孩子更容易受育儿行为方式的影响。所以，你完全可以改变孩子的个性强的行为。

显然，气质与育儿方式都很重要，而且彼此相关。研究表明，我们所讨论的许多气质特点都会随着孩子的成长而改变。也就是说，这些气质特点并非从生物学上被固化，而是会受到育儿方式及其他环境因素的影响而改变。就像我们在第 2 章中将要讨论的那样，我们相信个性强的孩子一般都有特定的气质特点，这些特定的气质特点导致父母做出特定的育儿行为。反过来，这些育儿行为会让孩子的个性强的行为更加突出，而不是像父母所期待的那样得到改善。这实际上是一个好消息，因为这意味着你可以通过自己的育儿方式来影响孩子的行为。我们为父母制定的 5 周教养方案（详见本书第二部分）列举的育儿方法能够降低困难型气质的孩子出现后期行为问题的可能性。

总之，个性强的行为在幼儿中很常见，通常源于孩子的早期气质。但是，运用好的育儿技巧，你完全可以改变个性强的行为的那些负面影响。事实上，这或许正是你购买本书的原因。

第 2 章
孩子为什么越来越任性

事实表明，许多孩子生来个性就很强，这件事本来无所谓好坏。不过，个性强的孩子可能会表现出更多与其个性有关的负面行为，比如倔强不听话、容易不耐烦和容易发脾气等。一旦出现这些情况，个性强的行为就开始成为问题了。孩子的行为问题是否会发展得更严重主要取决于父母对待孩子行为的方式。

如果你的孩子的行为变得越来越糟糕，不要只是一味地自责。虽然你的回应的确会对他的行为造成一定影响，但事实是，个性强的孩子总是会把父母最坏的一面激发出来。以积极方式回应平易型气质的孩子相对来说比较容易，而面对个性强的孩子，父母经常濒临崩溃边缘，他们更有可能会采取不理想的育儿策略。

本章重点阐述孩子的行为是如何与父母对孩子行为的回应之间相互影响的。首先，我们来看一看孩子如何从与他人的互动中学习行为举止。这可以让你大致了解孩子的行为如何随着他所处环境的改变而改变，帮助你分析个性强的孩子问题行为产生的原因。

从社会互动中学习

孩子的许多行为都是从与他人的互动中习得的，这种学习被称为社会学习。气质和其他一些因素是孩子行为的基础，但是，孩子的大多数具体行为，包括恰当的和不恰当的，都是通过社会学习形成的。社会学习主要有三种方式：模仿、强化和惩罚。

模仿

模仿主要指通过榜样学习，就是有样学样。比如，你的孩子看到另一个小孩因为想要饼干而发脾气。如果那个小孩发脾气后如愿得到了饼干，通过观察，你的孩子就会认为发脾气可能是获得某种东西的有效办法。下次你的孩子想要某种东西时，他很可能也会发脾气。

观察他人的行为方式并不意味着你的孩子会自动模仿那种行为，但他模仿那种行为的概率的确会因此增大。你的孩子会不会模仿别人取决于许多因素，比如他是否想成为那个人的样子、他观察那个人行为的次数、他所观察的行为是否得到了积极的结果等。

模仿是一种非常重要且强大的学习方法，因此你必须为孩子树立好的行为榜样。因为幼儿非常尊敬父母，尤其可能会模仿父母的行为。比如，如果你在感到沮丧时当着孩子的面发脾气，那么，你的孩子很可能也会用同样的方法来处理沮丧情绪。孩子在陷入困境时尤其会以父母为榜样。"照我说的做，而不是学我那样做"这样的要求不会起作用。在规范孩子行为的过程中，父母的身教比言传更有力。请努力做孩子的好榜样。如果你本身的个性就很强，更要注意树立正面行为榜样，而不要做负面行为的示范。比如，当你对某人不满时，表现出适度自信而不是咄咄逼人的样子；在面临有挑战的工作时，表现出百折不挠的精神而不是沮丧崩溃。让你的孩子看到，你总是在挑战困难，直至成功。

强化

说到强化，大多数人总是会想到，如果孩子表现好，就奖励他糖果或金钱。这种理解过于简单粗暴，我们将会在后面解释为什么这么说。很多人抵制强化这个概念，但事实上强化引导着我们的很多行为。强化也是促进孩子行为改善的重要法宝。强化的原理简单来说就是，如果紧跟在某种行为后面的是积极的事情，那么以后发生这种行为的可能性会更大。

我们谈到强化的作用，并不是指孩子的社交行为主要依靠别人在他行为得体时给他物质奖励来引导。大多数强化本质上是社会性的。关注、微笑、大笑等这类社交强化，对你的行为和你的孩子的行为都有极为重要的影响。孩子的行为很多都是通过每天不断重复的社交强化刺激而形成的。单独一次强化刺激无法对行为产生重大影响。所有的强化刺激都通过不断重复逐渐见效，从而慢慢改变一个人的行为。

试想生活中社交强化引导你的行为的情景，比如，你同时靠近两个人，其中一个人冲你微笑，另一个人转过脸去，你会更愿意和那个冲你微笑的人交谈。这通常是受你过去经历的影响，比如你曾经有过与冲你微笑的人愉悦交谈的经历。同样，你可能会花更多时间与那些关注你、让你开怀大笑的人交谈。你的谈话被关注和大笑强化。同理，你对孩子日常的细微回应，比如拥抱、微笑、赞美、赏识的眼神或鼓励的话，要远比玩具、糖果或金钱等物质奖励的强化效果好得多。父母如果给予孩子许多社交强化，孩子也会回报以许多社交强化。一位完成 5 周教养方案的母亲告诉我们："当我开始给孩子更多微笑时，孩子也开始给我更多笑脸。这让我感觉棒极了！"

前面所说的强化为正面强化，还有另一种强化是负面强化。很多人将负面强化与惩罚混为一谈，但二者并不相同。像正面强化一样，负面强化也会加强行为。不过，负面强化之所以能加强行为，并不是因为它会带来积极结果，而是因为它可以阻止不当行为的发生。比如，你的孩子正在沙池里玩耍，旁边有一个小孩开始扬沙，还把沙子扬到你的孩子脸上。你的孩子果断地走过去说："不要扬沙！"如果这个小孩真的停止扬沙，那么你的孩子的果断就得到了负面强化。也就是说，紧跟在你的孩子的果断之后的是一件不好的事情（扬沙）的结束。你的孩子的果断得以强化，今后他更可能会果断行事。要完全理解负面强化很难，但是，负面强化很重要，它在破坏性行为的发展中发挥着重要的作用，这一点我们将会在本章后面讨论。

惩罚

强化会加强行为，惩罚则会弱化行为。在许多父母心目中，惩罚就是打屁股。事实上，打屁股只是惩罚形式之一。计时隔离、责骂、取消特权等都属于惩罚。研究表明，从长远结果来看，打屁股并不是一种好的惩罚形式。只要是紧跟在某种行为之后且能够弱化这种行为的做法都是惩罚。

虽然单独的一次惩罚很少能够导致行为的长期改变，但是，只要正确连贯地使用，惩罚还是有效果的。不过，过度依赖惩罚会导致以下问题：

- 惩罚只给孩子传递什么不该做的信息，而没有告诉孩子什么该做。

- 为保持惩罚的效果，父母经常不得不加重惩罚力度，如果惩罚变得越来越频繁、力度越来越大，可能会导致虐待儿童等问题的发生。
- 频繁的惩罚会让孩子对父母心生憎恨和敌意。
- 总是惩罚别人的人多半也会受到很多惩罚。

与强化一样，你给出什么，就会收获什么。比如，那些经常过度惩罚孩子的父母会发现他们经常要面对孩子的愤怒。

总之，结合对积极行为的强化，偶尔用一下计时隔离之类的惩罚，效果可能不错。记住，过度使用惩罚往往适得其反，得不偿失。

无意间强化孩子的不当行为

孩子的社会学习常常是通过强化产生的，而你可能经常在无意中对孩子的行为进行了强化。这种无意强化会在每天的互动中自然发生，结果就是你可能无意间强化了你正努力让孩子杜绝的那些行为。

父母有时会无意中奖励孩子的不当行为。比如，当你正带着孩子购物时，他看见了想要的玩具，开始哭闹。你安慰他，想让他平静下来。但是，他完全不理，一直哭闹，反复要求你给他买玩具。你讨厌看见孩子哭闹，或者他哭闹的行为让你觉得难堪，所以最终你同意给他买玩具。在这一场互动中发生了什么？通过关注、安抚和购买玩具的方式，你对孩子哭闹和生气的行为进行了奖励。孩子从中学会了什么？他发现自己有时可以通过哭闹和生气的方式得到你的关注以及他想要的东西。下次他想要什么东西的时候会怎么做呢？拼命哭闹。我们称这种情况为正面强化陷阱，即父母强化了想要孩子改正的行为，增加了这些行为发生的可能性。为了更好地理解这个概念，我们在"你是否在奖励你不喜欢的行为？"的专栏中列出了更多例子。

类似前例的单个事件并不会长期影响孩子的行为。但是，如果此类互动反复出现，则会导致孩子哭闹、生气及其他不当行为的变本加厉。你肯定不想奖励孩子的不当行为，所以，分析一下你自身的行为，看看自己是否在无意间这么做了。如果是，请想办法停止。即使很难停止也不要感到困惑，毕竟积习难改。第二部分介绍的 5 周教养方案将会帮助你避开正面强化陷阱。

为了逃避不喜欢的事，孩子也会利用不当行为。比如，你让孩子收拾他扔在地板上的玩具，他不听，不断提醒之后仍然无果。于是，你十分沮丧，开始唠叨。在你唠叨他时，他开始哭，边骂你"坏蛋"边跑回房间。你觉得不值得为了让他收拾玩具闹得大家都不开心。于是，你替他收拾好了玩具。这种情况会导致什么结果？你的孩子知道，通过哭喊、骂人和跑开可以让你停止唠叨，他也可以不用收拾玩具。这就叫作负面强化陷阱。和正面强化陷阱一样，这种陷阱也强化了父母原本希望孩子纠正的行为，增加了这些行为发生的可能性。"你是否在奖励你不喜欢的行为？"专栏中列举了更多事例，帮助你理解负面强化陷阱。

与正面强化陷阱一样，单个负面强化事件也并不会长期影响孩子的行为。但是，如果此类互动反复发生，孩子的不当行为将会变本加厉。

你是否在奖励你不喜欢的行为？

作为父母，尽管初衷很好，但是我们经常会强化那些我们最希望孩子纠正的行为。你是否曾经用下列方式回应过孩子的行为？

- 在孩子上床睡觉后反复回应他的呼叫。
- 在孩子发脾气时安慰他。
- 当孩子不停打断你和另一位成年人的谈话时，你每次都关注他。
- 对孩子的不当行为置之一笑。
- 当孩子在超市里哭时给他糖果。
- 答应孩子的请求，每晚都让他和你一起睡。

如果你做过这些事，说明你已经陷入正面强化陷阱。你正在用关注、安慰、笑等方式鼓励孩子的不当行为。许多父母也会掉进负面强化陷阱。下面这些行为是不是听起来很熟悉？

- 当你说"洗澡时间到"时孩子开始哭，所以你允许他不洗澡。
- 想让孩子从澡盆里出来，但是，因为他哭闹，所以你又让他在澡盆里多待了一会儿。
- 参加某项活动时让孩子中途离场，只因为他发脾气，不想待在那里。
- 当你告诉孩子因为你要出门所以需要保姆照顾他时，他开始哭闹，你只好取消保姆看护。

- 让孩子安静地坐在餐桌旁，结果他因此发脾气，所以让他离开餐桌。
- 因为孩子哭闹不愿意坐在安全座椅上，就把他抱下来。

父母通过中断和取消令孩子不开心的事（如洗澡、保姆看护等）来回应孩子的负面行为，反而强化了孩子的负面行为。

强制过程

负面强化陷阱很少单独出现。父母与孩子之间的各种互动通常会使双方都陷入负面陷阱。俄勒冈州社会学习中心的研究员杰拉德·帕特森（Gerald Patterson）曾深入研究过这种现象，发现了他所谓的强制过程。这种过程发生在许多有个性强的孩子的家庭中，而且在父母与孩子的互动中反复发生。其结果是孩子的行为和父母对孩子行为的管理都慢慢变得越来越负面，这是因为每个人的行为都在不断地被负面强化。

举例来说，你带着孩子去逛商场，让他牵着你的手。他不想牵手，于是开始哭喊，同时不停地拖拽，想挣脱你。你感到崩溃，最终屈服，放开了他的手，这样你就不用对付他不停的哭闹和拖拽了。在这种情况下，你的屈服负面强化了他的生气和对你牵手的反抗。而你的屈服也得到了负面强化，因为你的屈服换来了他的平静和顺从。这种互动的结果是，你的孩子今后更有可能会通过反抗和生气来满足自己的要求，而你也更有可能屈服于他的反抗和生气，因为你之前的屈服在短时间内制止了他的不当行为。

现在我们给这个事例再加点曲折的情节。在这次的情景中，当孩子叫喊着不停反抗、想要挣脱你的手时，你提高嗓门大声告诉他必须牵着你的手。孩子继续反抗，而且反抗得更加激烈。你忍不住发火，大声吼孩子，随即他停止了反抗。在这种情形中，你的吼叫得到了负面强化，因为你的吼叫让孩子停止了反抗。这就会加大你今后再次吼他的概率。

在以上的强制过程中，孩子的行为慢慢变得越来越负面，父母对孩子负面行为的回应也慢慢变得越来越恶劣。比如，你的孩子的脾气越来越大，越来越频繁地做出其他负面行为。与此同时，你对他的打骂也越来越狠、越来越频繁。因为你们都在不断地强化彼此的负面行为，形成恶性循环。你的负面行为是怎样被强化的呢？是通过中止孩子的负面行为被强化的。图 2-1 说明了个性强的孩子与其父母之间的常见互动。

开始

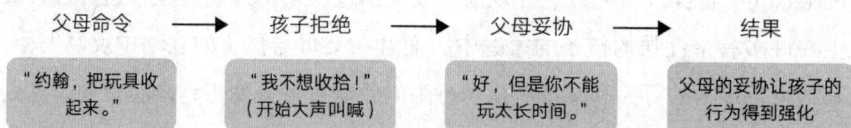

升级

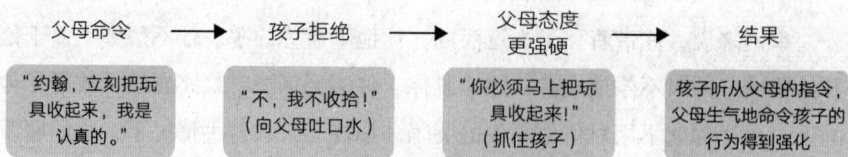

图 2-1　强制过程

一下子完全理解强制过程固然很难，但是，我们希望你能明白，你对待孩子行为的方式对孩子后期问题的发展起着至关重要的作用。你的行为影响着孩子现在的行为，也影响着你今后对孩子行为的管教方式。这种影响不是由一两次的偶然事件，而是由父母与孩子之间长期发生的一系列互动造成的。

个性强的行为问题的其他成因

除了正面强化陷阱和负面强化陷阱（在强制过程中会升级）外，还有其他一些因素会让你孩子的个性变得越来越强。有行为问题的孩子，他们的父母往往会无视孩子的正面行为。这些父母疲于应付孩子的种种负面行为，几乎没有时间去发现和认可孩子的正面行为。作为个性强的孩子的父母，你必须格外努力认可和表扬孩子的正面行为，一定要让孩子知道，他听话时你在关注他。

对于个性强的孩子，他们的父母常常不确定该如何管理孩子的破坏性行为。这种不确定性会导致管教方式的不统一。父母有时候会感到束手无策，觉得自己没有能力管好孩子，于是眼不见心不烦，索性不管。但有时候父母又会因此觉得泄气，于是采取吼叫、打屁股等过激方式对付孩子的破坏性行为。放任或过激的管教方式都于事无补。事实上，这些方式往往会适得其反，尤其如果每次管教方式都不一致，就更容易加重孩子的行为问题。第二部分提出的 5 周教养方案可以帮助你成为管教方式更加正面稳定的父母。

模仿是传授正面或负面行为的最有力方式。如果个性强的孩子经常与一群顽劣孩子为伍，他就会模仿他们的不当行为。尤其是当他看到没有大人去管教这些孩子的不当行为时，就更有可能去模仿。请担负起责任，为你的孩子创造正面积极的环境，同时鼓励他与那些品行端正的孩子玩耍。因为近朱者赤，近墨者黑。

孩子也会模仿父母的行为，这一点我们在本章前面也讨论过。如果你在感到沮丧时经常大喊大叫，你的孩子在感到沮丧时也会大喊大叫；如果你生气就打人，你的孩子也会有样学样。从正面来讲，如果你示范恰当行为，你的孩子的行为也会更加得体。在你感到沮丧或生气时，请努力保持平静，一定要时刻提醒自己给孩子树立正确处理各种情形的好榜样。

如果孩子睡眠不足，他因为个性产生的负面行为会更加突出。孩子困倦时往往容易生气。生气可能会引发强制过程，会让父母与孩子双方的行为都不断变得更加负面，由此可以推断，生气可能会引发行为问题。如果你的孩子睡眠不足，你可以按照本书附录中给出的建议来做。

如果你的孩子与个性强相关的负面行为日趋严重，下面的专栏可能对你有帮助。专栏中总结了孩子的个性变得越来越强的原因。其中是否有一些适用于你和你的孩子呢？如果是，本书即将介绍的许多妙招，可以提高你的育儿技巧，助你改正孩子不妥当的行为。

孩子的个性变得越来越强的原因

- 正面强化陷阱。
- 负面强化陷阱。
- 强制过程（父母与孩子彼此反复设置负面强化陷阱）。

- 孩子的正面行为几乎从未被关注。
- 父母对孩子的行为问题回应不一致。
- 孩子同龄人的不当行为示范。
- 父母的不当行为示范。
- 孩子睡眠不足。

第3章
仅有好的育儿技巧还不够

　　仅有好的育儿技巧并不能保证孩子总是听话。除了孩子的气质和你的育儿技巧之外，影响孩子行为的还有很多其他因素，其中最重要的就是会给家庭造成压力的那些问题。本章我们将关注离婚、再婚、家庭矛盾、抑郁和酗酒五大家庭压力之源，简要分析它们会对育儿和孩子的行为造成怎样的影响。图3-1中显示的每一个因素都会带来压力，这些压力会通过育儿直接或间接地影响孩子的行为。除此以外，我们还要考虑另一个影响因素：电子产品。

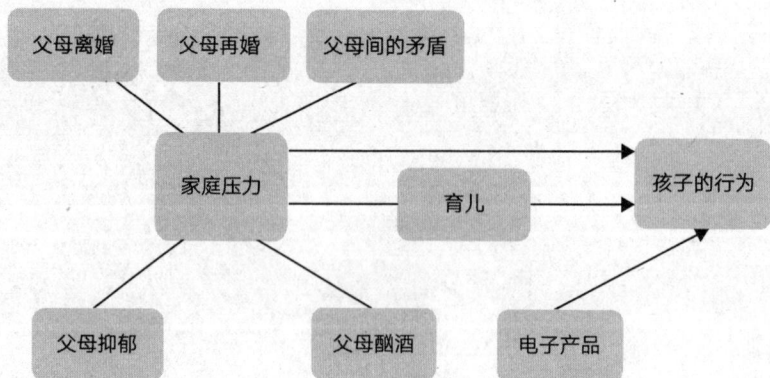

图3-1　家庭压力、育儿与孩子的行为的关系

五大家庭压力源及电子产品会对你的孩子造成负面影响，但是，你可以在一定程度上控制这些影响。本章将讨论如何控制它们。

当然，家庭压力还包括经济困难、父母失业、生病等。本章的目的是让你从总体上了解家庭压力对孩子的影响。之所以选择这五大家庭压力和电子产品作为重点，是因为已经有大量的研究证实了它们对孩子的影响。

离婚

在美国，目前每年有 100 多万名儿童经历父母离婚，而按照当前的离婚趋势，现在出生的孩子中约有 30% 将会在 18 岁之前经历父母离婚。

研究表明，离婚确实会对孩子的行为产生负面影响。需要指出的是，孩子在父母离婚后出现的许多问题并非只是由父母分开导致的。孩子在父母离婚后能否调整适应，很大程度上取决于父母离婚后的状况。而作为父母，你通常可以从很多方面来帮助孩子适应这种状况。比如，不要当着孩子的面争吵、不要在与你的前任配偶意见不合时拉拢孩子做同盟……这些都很重要。

再婚

许多父母在离婚后可能会选择再婚。再婚父母在育儿的过程中可能会遇到一些挑战。他们在经营新婚姻的同时还必须处理与孩子和前任配偶的关系，同时他们的现任配偶也会在新婚姻中带入他们的亲属关系，其中可能也包括他们和前任配偶的孩子。再婚父母需要同时经营与这些人之间的关系。他们还需要帮助现任配偶明确他们所需要扮演的育儿角色，并帮助他们提高育儿技巧。

对孩子来说，父母再婚通常是个坎儿，不过，在爱与良好的育儿方式的滋养下，假以时日，孩子一定会适应新环境。我们建议再婚父母不要对孩子隐瞒你的约会，并在再婚后，认真规划现任配偶在抚养你自己的孩子的过程中应当扮演的角色。

家庭矛盾

父母总是当着孩子的面发生争执，这件事对孩子造成的伤害比离婚更甚。但这并不是说，你和配偶之间偶尔发生争执不如干脆离婚，也不意味着你们在孩子面前不能产生分歧。采取建设性方式解决分歧可以为孩子树立好榜样，教会他如何正确解决分歧。如果你和配偶总是当着孩子的面大动干戈，你们就给孩子做了不好的行为示范。而且，你的孩子会不明就里，对你和配偶之间的矛盾感到焦虑，比如，他可能会想："我的爸爸妈妈彼此讨厌，他们要离婚了。"经常性的恶劣争吵会妨碍有效育儿。

抑郁

研究结果表明，在美国每年有 1/5 的父母受到抑郁情绪的影响。这是一个非常严重的问题，因为，在过去的一年里，1 500 多万名未成年人（18 岁以下）正在与罹患抑郁症的成年人共同生活，而在这些患病的成年人之中，只有 1/3 在接受治疗。

抑郁症的一般症状

- 几乎每天都情绪低落。
- 对曾经感兴趣的事情失去兴趣。
- 胃口或体重发生巨大变化。
- 睡眠时间明显改变。
- 几乎每天都感到很疲惫。
- 几乎每天都感到愧疚或生活毫无意义。
- 很难集中精力或做决定。

抑郁症对育儿和孩子本身都有害。研究人员发现，父母抑郁会增加孩子出现情感和行为问题的风险。

或许你并没有患上抑郁症，只是偶尔会心情不好或情绪低落。即使是这种偶尔的情绪低落也会对孩子产生负面影响。你的心情会影响你对孩子行为的看法，同时也会影响你的育儿方式和他的行为。你在心情不好时会对孩子缺乏理解、耐心不足。那么，面对孩子的问题行为，你可能会反应过度，变得烦躁、严厉和苛刻，有时又可能会对他的行为放任不管。有时你可能会让孩子的行为来背锅，比如对他说"你这样做让我很伤心"之类的话。一旦你的心情恢复，你又可能会用一贯积极的方式与孩子互动，按照你所定下的规矩行事。总之，随着你心情的改变，你的育儿行为也会发生改变，这会让孩子感到很迷茫。结果就是，他个性强的行为会表现得更加显著。

如果你经常感到抑郁或心情不好，以下建议能帮助你将其对孩子的影响降至最低。

评估你的心情。 你的心情是否经常变化？你是否经常视心情好坏而用不同的态度来回应孩子？如果是这样，请努力培养积极稳定的心情。如果你善变的情绪得不到改善，或者有前文列举的抑郁症的几种症状，请向专业人士求助。有许多治疗方案可供选择，它们会让你的生活以及孩子的生活得到有效改善。

监测你的心情。 记录情绪变化前后所发生的一切。这会帮助你确定是什么影响了你的心情，也会帮助你解决与情绪有关的问题。

和你的配偶共同育儿。 当你因心情不好在管教孩子方面遇到困难时，让你的配偶来补位。让他努力与孩子保持良好的亲子关系，正确使用良好的育儿技巧。

在你感到情绪低落时告诉家人。 不要指望家人去"读懂"你的心情。主动请他们帮助你度过难熬的一天。

不要让你的孩子对你有负罪感。 许多研究包括我们自己的研究都表明，抑郁的父母经常利用负罪感来控制他们的孩子，比如对他说："你为什么总是做这些让我伤心的事情呢？"结果，这些孩子自己也会由此感到抑郁。

认真阅读本书第 14 章。我们在那一章里讨论的许多问题以及提出的许多建议会对你特别有帮助。

努力保持一贯的育儿行为。如果你对自己作为父母这件事有明确的指导方针，就像我们在本书第二部分所提出的 5 周教养方案一样，那么你的育儿行为就不太会被心情所左右。另外，我们的研究和其他一些研究都发现，通过实施类似 5 周教养方案的计划来改变你的育儿方式，调整你的孩子的行为，这么做的同时你的心情也会得到改善。当你教子更加有方、孩子个性强的行为得以改善时，你的自我感觉也会好很多。

如果你被确诊抑郁症，必须意识到你的孩子日后在人生的某个时间点出现抑郁的风险也会变大。因此，如果你的孩子开始表现出一些抑郁症的苗头，你就应该尽快带他接受专业的心理评估。

酗酒

大部分人喝酒是为了社交或放松。但是，无节制地过量饮酒即酗酒会影响育儿的有效性。酗酒会让你在与孩子的互动中不能保持一贯要求，看待孩子的行为会比平时更负面，管教会更严厉苛刻。在你酗酒时，你的许多行为都给孩子做了不好的示范，包括酗酒本身，而这些行为肯定是你不希望孩子效仿的。用酗酒的方式来逃避孩子的行为问题也毫无作用，因为酒醒后你会发现，孩子的问题依然摆在那里。

如果喝酒，你要考虑它对你履行父母之责有无影响。下面这些做法和原则将有助于减少父母酗酒对孩子的负面影响。

监测和评估你的喝酒方式。什么时间喝酒、喝多少、多久喝一次？记录你喝酒和不喝酒的时间以及这些时间发生的事情，这会帮助你确定哪些情况会影响你喝酒的次数和喝酒量，以及喝酒对你管教孩子有没有影响等。如果有影响，请自行调整喝酒方式或向专业人士求助。

在喝酒方式上听听你配偶的意见。那些过量饮酒的人很少能够正确评价自己的喝酒行为。

努力保持一贯的育儿行为。如果你对自己作为父母这件事有明确的指导方针，那么你的育儿行为就不太会被酒精左右。

喝了酒就不要管教孩子。如果你喝酒了，不要在酒精的作用下管教孩子。这个时候，让你的配偶或其他人去承担管教孩子的责任。

解决家庭的压力源

从上面我们所讨论的话题中你会发现，许多因素都可能会影响你的育儿方式和孩子的行为。如果你的家庭中没有这些方面的问题，那么你很幸运。不过，许多父母都需要积极解决上述问题中的一个或多个。如果你也有此需要，首先请确定这种家庭压力是否已经严重到需要求助专业人士的程度。如果是，不要指望一个人解决所有问题；如果不是，那就集中精力先解决你认为最容易解决的问题。

不要担心其他问题，全力以赴地针对眼下的问题制订合理的对策，找到了解决办法再接着去解决下一个问题。这样，你就能够集中精力、各个击破，而不会感到不知所措。因为是从最容易解决的问题入手的，你还能够很快享受到成功的喜悦，从而获得解决更难问题的动力。

电子产品

近年来电子产品迅猛发展，现在的孩子使用电子产品的时间越来越长。不过，尽管手机、计算机、各种游戏机的使用越来越广泛，电视仍然是大多数幼儿生活中最主要的电子产品。事实上，2~5 岁孩子看手机、电视的时间已达到历史峰值。目前，除睡觉之外，在所有日常活动中，美国孩子花在看电视上的时间最多。要知道，手机、电视对孩子既有正面影响，也有负面影响。手机、电视中的暴力、性行为、酗酒等画面对孩子显然有负面影响。很多节目都暗示权力、名声和外表是最重要的个人品质，人们都在为之努力。不少节目是虚构的，而 7 岁以下的孩子很难分清虚构与现实之间的区别。所以，他们很可能会信以为真，容易受到暴力伤害。许多专家还认为幼儿对广告毫无抵抗力，因为他们只能听懂语言的表面意义。

在有些情况下，并不是因为孩子所看的节目存在问题，而是因为看手机、电视占据了大量时间，导致他没有时间去做其他更有益的事情。看手机、电视的时间越来越多，孩子花在运动、阅读、和其他小朋友一起玩耍以及与家人交流上的时间就越来越少，这可能会导致肥胖、缺乏创造力、学习不用功和社交能力差等问题。

一些研究发现，幼儿看手机、电视的时间越长，其攻击性越强，语言发育水平越低，这是个性强的孩子的父母尤其要重视的。个性强的孩子本身就经常会有一些与攻击性相关的行为问题，因此手机、电视对他们的影响会更严重。至于语言发展，研究人员最近发现，每开一小时电视，即使只是开着不看，父母就和孩子少说 500~1 000 个字（孩子说的也更少）。亲子交谈对提高孩子语言能力十分重要，而语言能力会影响阅读能力及后期的学习成绩，所以请务必重视这一点。

另外，我们也要认识到，一些优秀的电视节目会促进孩子的学习和成长。许多教育节目会培养孩子数数、拼读和有效解决问题等重要能力。通过电视节目，孩子能够学会如何积极与别人互动，也能学到地理、人物和事件等相关知识。电视节目就像一把双刃剑，对孩子有利也有弊。这就意味着，在决定孩子能看哪些节目、不能看哪些节目方面，你负有很大的责任。你的选择决定着电子产品会对你的孩子的生活产生正面影响还是负面影响。

父母应该采取措施来尽量减少电子产品对孩子的负面影响，同时也应该鼓励孩子把电子产品当成学习工具。以下是一些建议。

限制孩子使用电子产品的时间。美国儿科学会（American Academy of Pediatrics）建议不要让两岁以下的幼儿看电视。孩子每天看手机、电视不超过半小时，看完后望远 10 分钟。

从孩子很小的时候就要开始限制他使用电子产品的时间。如果从小就限制孩子使用电子产品的时间，那么他长大后就不太可能养成过度使用电子产品的习惯。

明确规定孩子可以看的节目。请提前明确允许孩子观看的节目，并坚持你的决定。

鼓励孩子观看适龄教育节目及给孩子树立正面榜样的节目。鼓励孩子观看那些角色善良、充满爱与合作精神的节目。此类节目可以促进孩子的正面学习。

知道你的孩子正在看什么。尽可能地提前观看孩子想要看的节目。为孩子把节目录下来，这样你就可以在他看之前先了解节目内容。

和孩子一起看节目。随时准备回答孩子的问题，及时给他提供有关信息。这样有助于促进孩子学习。

别让电子产品给你当保姆。鼓励孩子自娱自乐而不是看电视。在第 12 章我们推荐了一些有益于开发孩子想象力和创造力的活动。

不要在家里一直开着电视当背景音。开着电视会分散孩子玩玩具的精力，即使他们对播放着的节目并不感兴趣时也是如此。研究发现，这种背景音式看电视会减少亲子交流，并降低交流质量。

不要让孩子一边吃东西一边看电视。孩子在看电视时吃零食或吃饭很容易过食，从而导致体重超标。

讨论暴力。如果你的孩子确实在电视上看到了暴力行为，那么就请和他讨论他所看到的暴力行为。告诉他一般在电视上看到的暴力行为都是假的，并告诉他如果这种暴力行为发生在现实生活中会导致怎样的后果。如果你的孩子看到了真实的暴力行为（比如新闻报道），请以他能够理解的方式与他讨论暴力发生时的情况。

控制自己看电视的行为。请为孩子树立良好的榜样。大多数家庭中的成年人甚至比孩子看电视还多。请控制你自己看电视的时间，让孩子看到你在阅读或是进行其他活动，而不是看电视。

不要在孩子的房间安装电视。孩子自己房间里如果有电视，父母就不能有效地监管孩子收看的节目。有研究表明，房间里有电视的孩子看电视的时间更多、学习成绩更差。

认真挑选电子游戏。解决问题的技能类游戏以及与其他玩家互动的互动类游戏更有益处。请注意避免那些倡导攻击性的电子游戏。

了解电子游戏分级体系。只允许孩子玩适合他年龄级别的游戏。如果存疑，别犹豫，果断地说："不，我不会给你买（或租）那个游戏。"

鼓励非技术类活动。非技术类活动包括阅读、体育运动和家庭活动。详细活动推荐见第 12 章。

第 4 章
孩子是注意缺陷多动障碍吗

即使你还不太了解，也有可能会从家人、朋友或孩子的老师那里，或者从某个不太熟悉的人那里听说"你的孩子是不是可能有注意缺陷多动障碍"这句话。几乎所有个性强的孩子的父母都听说过"注意缺陷多动障碍"这个词。近年来，它已经成为报刊、电视节目和各类书籍的热门话题。因为这个词备受关注，所以，只要孩子的行为表现得有点不专注或具有破坏性，许多人很快就会认为这种行为可能是由注意缺陷多动障碍导致的。本章将帮助你了解更多有关这一复杂概念的信息，帮助你确定是否需要带孩子去进行注意缺陷多动障碍评估。如果你的孩子已经被确诊，我们也会为你提供一些能够帮到你的资源。

注意缺陷多动障碍的历史

虽然近年来注意缺陷多动障碍才开始受到媒体的广泛关注，但它并不是一个新事物。事实上，早在 100 多年前就有对这种病的专业讨论。历史学家注意到，包括富兰克林、爱迪生和爱因斯坦在内的许多名人都有符合注意缺陷多动障碍的行为。

多年来，这种病被冠以各种名称，比如运动机能亢进、儿童多动综合征、注意缺陷多动或非多动障碍等。这些五花八门的名称着实让人迷惑。但是，不同的名称也反映了不同时期人们对这种病的不同思考。20世纪60年代，对该病的研究多侧重多动行为。20世纪70年代末80年代初，研究更多地开始转向注意力问题，因此，"注意力"这个词就被加入"官方名称"中。不过，近年来，一些研究人员认为其他问题（比如行为抑制）比注意力更重要。这就意味着在未来数年，人们对注意缺陷多动障碍的名称和诊断标准可能会再作更改。

注意缺陷多动障碍究竟是什么

注意缺陷多动障碍的主要症状是注意力不集中、多动、易冲动。至少有3%～7%的学龄儿童受注意缺陷多动障碍影响。男孩患注意缺陷多动障碍的概率是女孩的3倍。各种媒体对注意缺陷多动障碍的发生概率说法不一，这或许让人感到迷惑。这些数据之所以不同是因为各研究机构所使用的诊断标准和评估方法不同。不管受注意缺陷多动障碍影响的孩子的准确比例是多少，总之，这是一种常见疾病。事实上，研究结果显示，每个班平均至少有一个孩子患注意缺陷多动障碍。最保守估计，仅美国就至少有300万该病的患儿。

注意缺陷多动障碍专家拉塞尔·巴克利（Russell Barkley）认为，该病主要是一种行为抑制发育障碍。简而言之，由于神经因素的影响，注意缺陷多动障碍患儿很难抑制（或控制）自己的冲动和行为。巴克利博士在他的《如何养育多动症孩子：给父母的权威完全指导》（*Taking Charge of ADHD: The Complete, Authoritative Guide for Parents*）一书中指出，注意缺陷多动障碍是一种非常复杂的疾病，对患儿及其家庭生活会造成严重影响。患儿通常存在严重的入学困难，他们不能处理与家庭成员、朋友之间的人际关系。注意缺陷多动障碍还常常伴有学习障碍、抑郁和焦虑等其他问题。需要引起重视的是，注意缺陷多动障碍患儿也有和个性强的孩子类似的固执、散漫和发脾气等行为问题。

注意缺陷多动障碍难以诊断的一个原因是它没有明显的特有症状，其诊断主要依据特定问题行为的发生频率和严重程度。关键在于，注意缺陷多动障碍的特征行为（如注意力不集中、冲动和好动等）不同程度地发生在大多数幼儿身上。这并不奇怪，因为这是孩子的天性，幼儿一般都活泼好动，注意力集中时间短。所以，很难以孩子某种行为出现的频率高低来判断其是否患有注意缺陷多动障碍。

另外，50% 以上学龄前儿童的父母有时会觉得孩子注意力不集中或多动。但是，这些孩子绝大多数都不符合注意缺陷多动障碍的诊断标准。许多孩子只出现与注意缺陷多动障碍相关的一两种问题行为，而该病的诊断要求必须是持续发生多种行为。若只存在一两种相关问题行为，随着学龄前儿童的成长发育，这些问题会自愈。我们都知道，大多数孩子随着年龄的增长，他们注意力集中的时间会延长，也会变得不那么冲动和好动。比如，研究表明，在没有专业帮助的情况下，经过半年时间，父母对 3～4 岁儿童注意力不集中或好动等问题的担忧绝大多数会减少。不过，有些幼儿的确存在持续的问题行为，针对这种情况需要进行注意缺陷多动障碍诊断。事实上，许多后来在童年时期被诊断为注意缺陷多动障碍的孩子的父母都表示，他们最初关注到孩子的行为问题是在孩子 3～4 岁时。

过去，人们认为长大后所有的孩子都能自愈。现在我们知道，尽管随着孩子慢慢长大，他们的注意力、运动水平和冲动情绪都会朝着好的方向发展，但是，许多患有注意缺陷多动障碍的孩子到青春期会出现严重的学习和社交问题，甚至可能在成年后还会出现就业和社交困难。研究结果显示，在小学被诊断为注意缺陷多动障碍的孩子，约有 70%～80% 青春期还会有症状，50%～65% 症状会延续到成年以后。

为帮助你更好地了解注意缺陷多动障碍的主要行为，我们一起来详细看看与注意力不集中、冲动和多动相关的主要行为或症状。

注意力不集中。注意力不集中的问题通常很难被父母发现，因为这个问题在家以外的环境中表现得更明显，它常常发生在那些枯燥无趣而又需要持续专注的事情上。反之，在看电视或玩视频游戏等活动中，大多数孩子，即使是注意缺陷多动障碍患儿也能集中注意力。相比父母，老师更容易发现孩子注意力不集中的问题，因为在进行学校里的一些学习任务时，孩子们必须保持专注。不过，值得重视的是，与那些对班级课堂产生较大影响的行为，如多动或冲动行为相比，注意力不集中的问题不太容易被老师发现。在学龄期的注意缺陷多动障碍患儿中，因注意力不集中引发的具体问题包括不注意细节、无法完成需要长时间集中注意力的任务、犯粗心的错误、缺乏条理等。

冲动。冲动的孩子经常不等听完要求就开始行动。他们在行动前缺乏思考，常常不了解具体情况和要求，这会导致注意缺陷多动障碍患儿总是出现违规或其他一些相关问题。在学校，这些孩子的考试成绩可能不怎么理想，部分原因是他们可能没有阅读题目要求就开始答题。这些患注意缺陷多动障碍的孩子还可能会在老师或其他人没完成提问时就抢答，当然，因为他们没听完别人的问题，所以回答通常都是错误的。

冲动还会导致别的问题。排队玩游戏或者在学校站队这样的事情对注意缺陷多动障碍患儿而言格外困难。在类似情况下，冲动的孩子因为身体界限感较差，往往会让其他孩子或成年人认为自己受到了冒犯或打扰。还有一种情况，患儿会觉得自己被不公平对待了继而反应冲动，而事实上别人根本无意伤害他（比如有人无意踩了他的脚）。最后，值得一提的是，不加思考的冒失行动可能会让这样的孩子置身于危险之中，比如，跑到街道上去捡球或向浅池中跳水等。

多动。与同龄同性别的孩子相比，注意缺陷多动障碍患儿更加活跃，更加坐不住。注意缺陷多动障碍患儿的父母常常说他们的孩子总是"屁股不落板凳"，总是"按着快进键"，是个"话痨""一刻也停不下来"……这些孩子很难在座位上坐定，尤其是在课桌或餐桌前。

导致注意缺陷多动障碍的原因是什么

导致注意缺陷多动障碍的确切原因尚不清楚。注意缺陷多动障碍是一种十分复杂的障碍症，不太可能只有一种诱因。其诱因可能有很多，不同因素可能会导致不同亚类型的注意缺陷多动障碍。

注意缺陷多动障碍的发生与基因有很大关系。事实上，研究结果表明，基因因素是诱发注意缺陷多动障碍的主要原因。这就意味着，如果有一名家庭成员患注意缺陷多动障碍，其他家庭成员患该病的风险会增大。如果父母中有一方患有或曾经患有注意缺陷多动障碍，孩子患该病的概率为57%。如果家庭中有一个孩子患有注意缺陷多动障碍，其兄弟姐妹患该病的概率为32%。

现有证据表明，注意缺陷多动障碍的遗传与几种基因有关。其中一种基因调节多巴胺的活性，多巴胺是大脑中的一种化学物质，属于神经递质，负责将信息从一个脑细胞传递到另一个脑细胞。由于多巴胺在发起有目的性的行动、加强警觉和增加动力方面起着关键作用，这种神经递质异常导致的问题与注意缺陷多动障碍的症状一致。另一个相关基因则可能与人的性格中寻求刺激的行为有关。

大脑损伤也是导致一些孩子患上注意缺陷多动障碍的原因。其中包括由孕妇在孕期吸烟或饮酒而导致的妊娠并发症、胎儿缺氧等生产时的问题以及由于婴幼儿时期过度接触铅等有毒物质而造成的大脑损伤。值得注意的是，大多数注意缺陷多动障碍的患儿并不是由这些类型的大脑损伤所致，而更可能是前文提到的基因因素导致的。

尽管近年来我们对注意缺陷多动障碍的认识有所提高，但要更全面地了解这种复杂的障碍症，还需要进行更多研究。未来几年，基因和大脑研究领域的技术进步将会极大地促进对这一疾病的研究。目前的研究已经发现，注意缺陷多动障碍患儿大脑某些部分的活力有所下降。这些区域被认为与抑制行为和持续性专注力有关。

其他因素呢？多年来，食品添加剂、精制糖和过敏原等各种物质都曾被认为与注意缺陷多动障碍的形成有关。但是，后续各种严谨的研究报告很少支持这种论断。养育行为也曾作为注意缺陷多动障碍的一种可能诱因而受到关注。在管教这类孩子的问题行为时，尽管父母的做法很重要，但没有证据表明它是注意缺陷多动障碍的诱因。总之，对注意缺陷多动障碍中诸如注意力不集中、冲动和多动等症状的严重程度和持续性来说，环境因素的影响很小。

是否需要带孩子去评估

在本章前面我们已经讨论过，许多学龄前儿童在其正常的发育过程中，可能会表现出注意缺陷多动障碍的特征行为，但是，只有少数孩子符合注意缺陷多动障碍诊断标准。那么，如何确定你的孩子的问题严重到需要进行医学诊断呢？父母可以关注孩子是否出现早期的预警信号，比如特别活泼好动、反应强烈和情绪化等气质，而专业人士在判断一个幼儿是否患注意缺陷多动障碍时，还会考虑其他一些具体行为，详见表 4-1。你要记住的是，你的孩子首先必须表现出相当多（而不是少数几个）类似的问题行为或症状，其次这些问题行为或症状必须在家和学校等两个或两个以上场所中长期存在，最后，这些行为必须是经常性发生的，明显超出正常发育的同龄孩子的水平范围，且造成严重的社交或学习等方面的障碍时，你才需要带他去做专业评估。

表 4-1 注意缺陷多动障碍症状

注意力不集中症状	多动症状	冲动症状
• 很难注意细节，总是粗心犯错 • 总是很难把注意力集中到活动上 • 容易受到周围事物的干扰 • 有人同他讲话时，他似乎总是心不在焉 • 总是不听指令（但并不是违抗或不理解指令） • 组织能力差 • 逃避需要高度集中注意力的活动 • 总是丢三落四	• 坐立不安，很难坐定 • 非常活跃，总是不合时宜地跑来跑去、爬高爬低 • 很难安静地玩耍 • 总是一刻不停歇 • 话多	• 别人还没问完问题他就抢答 • 在活动中很难排队等候 • 总是打断别人

选自《精神障碍诊断与统计手册第 4 版修订版》（华盛顿：美国精神病学会，2000 年）

严重的注意缺陷多动障碍患儿，尤其是年龄较大的重症患儿相对容易诊断。但是，大多数学龄前患儿以及年龄较大的轻症患儿要确诊则难得多。确诊注意缺陷多动障碍和正常行为上限之间的界线并不十分清晰。如果你怀疑你的孩子可能患有注意缺陷多动障碍，请咨询专业人士进行评估。

如果决定寻求专业评估，你必须知道，没有针对注意缺陷多动障碍的明确测试，而且不同的专业人士对孩子的评估差别会很大。你首先应该带孩子去看医生，排除视力或听力等其他问题。另外，虽然不是十分常见，但有时甲状腺等方面的慢性疾病也会导致出现与注意缺陷多动障碍类似的症状。一旦排除了这些问题，下一步就是要找有经验的专业人士对孩子进行注意缺陷多动障碍评估。所谓专业人士，可能是心理学家、精神科医生、儿科医生或在这一领域受过训练的其他专业人士。对孩子进行综合评估一般包括谈话、行为调查（由父母和老师配合完成）、问卷调查，有时还会对孩子进行观察。这种综合评估比只是同父母简单地交谈更能得出正确的诊断。

如何治疗注意缺陷多动障碍

如果你的孩子被诊断为注意缺陷多动障碍，你需要了解治疗方案，那么你首先要知道的是，现有的治疗手段还不足以完全治愈这种病。按照已经掌握的相关知识，注意缺陷多动障碍的治愈问题也不太可能在近年取得突破。因此，目前的各种治疗方式都只是努力减轻症状，寻求针对该障碍的有效管理方法。也就是说，治疗一般需要持续相当长的时间。

多年来，医学界流行过不少针对注意缺陷多动障碍的治疗方法，比如饮食调整，包括去除添加剂或控糖、增加维生素或矿物质的摄入，但这些治疗方法大多对绝大多数注意缺陷多动障碍患儿疗效并不明显。在本书中，我们提出的是一些经科学所验证的更主流的治疗方法。

最常见的治疗方法就是药物治疗。治疗注意缺陷多动障碍症状最有效、最常用的药物是中枢神经兴奋剂。这种通常被简称为兴奋剂的药物包括利他林（Ritalin）、佛卡林（Focalin）、专注达（Concerta）等哌甲酯类药物及阿得拉（Adderall）、右苯丙胺（Dexedrine）、硫酸右苯丙胺（DextroStat）和二甲磺酸赖右苯丙胺（Vyvanse）等苯丙胺类药物。毫无疑问，这些药物能帮助许多注意缺陷多动障碍患儿。但是，需要指出的是，对兴奋剂药物有良性反应并不能证实注意缺陷多动障碍的诊断。这些药物有助于大多数儿童、青少年和成年人集中精力，变得不那么冲动，不管他们是否患有注意缺陷多动障碍。据报道，兴奋剂对 75% 以上的注意缺陷多动障碍患儿有效。有些孩子可能对一种兴奋剂药物没反应，但是对另一种药物有良性反应。有些孩子也可能对择思达（Straterra）等非兴奋剂药物有良性反应。

兴奋剂药物似乎是通过提高大脑的多巴胺水平而产生作用。这些药物作用很快，一般在服药后 30～40 分钟即可见效（峰值效果一般出现在第 2～第 4 小时）。但是，这些药物的药效一般只能持续 3～7 小时。所以，许多孩子必须每天多次服药。好在现在有了多种长效药，这样，孩子只需要每天早上服用一片药就可以了。

兴奋剂药物对多动、冲动和注意力不集中等症状效果最好，还会改善孩子在课堂上的行为和表现。但是，目前很少有证据表明仅用兴奋剂就能长期改变上述症状。也就是说，兴奋剂药物只是在服药期间产生效果，并不能治愈注意缺陷多动障碍。

总体来看，兴奋剂药物似乎相对安全。但是，这些药物对 5 岁以下儿童是否安全，相关研究尚十分有限。各年龄段儿童服用兴奋剂药物常见的副作用有睡眠障碍、食欲不振、胃痛、头痛和紧张易怒等。这些药物还可能会轻微减缓孩子的生长速度。关于这种减缓几年后是否会恢复说法不一，证据相互矛盾。大多数副作用的严重程度都和剂量有关，剂量越大，产生副作用的可能性越大。大多数副作用都很轻微，并且会随着时间的推移或剂量的减少而减轻，很少有副作用越来越严重的情况发生。不过，为谨慎起见，美国儿科学会目前建议，如果被诊断为心律失常，使用兴奋剂药物应该事先听取医生对这些药物副作用的意见，这很重要。

利用药物成功治疗的一个重要条件是要根据每个孩子的具体情况使用最

佳剂量的药物。这一般要求针对孩子对不同药物的反应做出认真的评估。因此，处方医生必须具备利用兴奋剂药物治疗注意缺陷多动障碍的丰富经验，父母和老师要认真观察，并详细告知医生孩子的服药反应。

前面我们已经讨论过，对注意缺陷多动障碍的干预不仅限于药物治疗。父母和老师需要用有效的技巧来管理患儿常见的一些逆反行为。这些技巧，包括本书第二部分提到的那些方法，能够非常有效地帮助减少散漫和发脾气等行为问题。相反，并无案例证明，单独治疗（即治疗师与孩子一对一交流）是针对幼儿这种类型问题的有效干预。

一般来说，最好的治疗方式就是双管齐下，即采取药物治疗与父母和老师的有效行为管理相结合的办法。药物主要用来解决注意力不集中、冲动和多动等问题，而父母和老师的有效行为管理则用来解决逆反性和攻击性行为的相关问题。有些父母和专业人士更愿意先对学龄前儿童采用行为管理方法，如果这种方法不奏效、不能有效改善孩子的情况，他们才采用双管齐下的方法。

Parenting the Strong-Willed Child

第二部分

5 周教养方案，扭转局面

现在，你应当了解了各种导致孩子出现个性强行为的因素了。这将有助于你理解我们策略的下一个层面：学习育儿技巧，解决孩子个性强行为的相关问题。第二部分各章将以5周教养方案的形式阐述各种育儿技巧。

第二部分开篇讨论如何判断孩子是否需要改变（第5章），后续的5章将详细介绍5周教养方案，每章讨论一种技巧，供你每周学习其中一种。这些技巧层层递进，因此，你必须切实掌握一种技巧，再开始学习下一种。所谓切实掌握一种技巧，并不是指简单地理解这种技巧，知道怎样去做，而是指每天都要把这种技巧应用到孩子身上。你将要学习的技巧有：关注（第6章）、奖励（第7章）、无视（第8章）、发出指令（第9章）和计时隔离（第10章）。每一种技巧都经过我们及其他人的研究验证，对于改善孩子个性强的行为十分重要。但是，正如我们要在第11章讨论的那样，综合运用这些技巧，才能最有效地改变孩子的行为。

第 5 章
孩子的行为是否真的需要改变

"让凯伦收拾起她的玩具，我必须至少讲 10 遍她才会做！"

"当我让吉米洗澡时，他就会跺着脚大声喊不。"

"在超市里阿曼达简直就是个'恐怖分子'，总是要糖果，总是在过道上跑来跑去，不但东抓西抓，还经常大发雷霆。"

"晚餐时鲍勃总是不停地招惹他妹妹。模仿她、在餐桌底下踢她、每次妹妹想要说什么就打断她……"

"特蕾西似乎知道只要我一接电话，她就可以为所欲为，而我却对她毫无办法。"

"如果我想要格雷格做一件事，至少得跟他说5遍他才会去做。"

这些说法听起来是不是跟你描述自家孩子时有点相似？如果是这样，运用我们所提出的 5 周教养方案可以帮助你有效解决以上问题并改善亲子关系。下面介绍的技巧适用于所有父母。不过，该方案最初是专门为那些经常不听话或有其他破坏性行为的孩子研发的，对他们的临床效果特别好。本章将重点讨论如何判断你和你的孩子是否需要实施该方案。

问题行为

　　评估你的孩子是否经常出现一些问题行为，可以帮你判断是否需要实施5周教养方案。下面的专栏中列出了一些个性强的孩子常见的不听话和破坏性的问题行为，其中发脾气和固执等行为在个性强的孩子中十分常见，而撒谎和骂人等行为则较少发生。但是，如果得不到有效应对，这些较常见的个性强的相关行为问题会随着时间的推移不断升级，进而发展成更严重的行为问题。如果你的孩子表现出下面专栏中的一项或几项行为，5周教养方案可以帮助你。

个性强的孩子的问题行为

　　下面哪些词或短语能够形容你的孩子或他的行为？在符合的空格中打钩。如果你的孩子表现出多项下列行为，5周教养方案会特别有帮助。

- ☐ 不听话　　　　　☐ 发脾气
- ☐ 求关注　　　　　☐ 固执
- ☐ 尖叫　　　　　　☐ 喜欢争论
- ☐ 威胁别人　　　　☐ 爱炫耀
- ☐ 易怒　　　　　　☐ 骂人
- ☐ 具有攻击性　　　☐ 责备别人
- ☐ 无礼　　　　　　☐ 具有破坏性
- ☐ 撒谎　　　　　　☐ 负面

问题情景

　　还有一种判断你是否需要实施 5 周教养方案的方法是，评估孩子在经常出现问题的情景中表现如何。表 5-1 中列举了一些父母与 2～6 岁孩子交流的常见情景，这些情景主要涉及日常活动，比如上床睡觉、洗澡和购物等，你可以利用这张表格来对孩子的行为进行评估。

表 5-1　个性强的孩子经常出现问题的一些情景

情景	是否有问题	问题频率	你的行为	孩子的行为
上床睡觉				
早上起床				
用餐时间				
洗澡时间				
父母打电话				
家里来客				
坐在车里				
超市购物				
外出用餐				

　　表格的第一列是日常情景，在第二列中对应每一种情景填写你的孩子是否存在行为问题，在这些情景中你是否很难让孩子听话？在第三列中填写在这种情景中孩子出现问题的频率。比如，想一想晚上你把孩子放到床上的情景，是每晚都要为让孩子上床睡觉而伤脑筋还是每周只有一两个晚上会出现这种情形？

在后面两列中，对应每种情景填写通常会发生的情形。你是怎样做的？孩子是怎样做的？还是以上床睡觉为例，你把孩子塞到床上跟他说"晚安"之后，他是不是又自己起床，跑到你正在看电视的地方？如果是这样，你是会把他抱回床上，还是会允许他熬夜？如果你把他抱回床上，他是否又会爬起来？如果是，你又会怎样做？

对应每一个问题情景，填写孩子的行为和你自己的回应。尤其要关注你和孩子交流的最终结果。比如在上床睡觉这个例子中，你是否最终让步，允许孩子熬夜？

许多父母都发现，这些日常情景大部分都与他们孩子的行为问题有关。下面这位妈妈讲述了她打电话时发生的事情：

> 从我和我妈妈或朋友通话的那一刻起，史蒂夫简直变成了小恶魔，他知道他可以为所欲为了。他折腾妹妹、在沙发上蹦跳、爬到灶台上拿糖果、把冰箱里的东西往外扔……这一切简直令人难以置信，而我困在通话中，只能无助地看着他折腾，越来越沮丧。我现在都害怕电话铃响！

有些父母只在表 5-1 列举的一两种情景中经历过孩子的问题行为。如果你也是这样，建议你花 5 周时间练习我们的教养方案，这是一种非常好的办法，不仅能解决孩子的这些问题，还能改善亲子关系。然而，大多数父母面临的情况是，孩子在上述许多情景中都存在问题。这种行为模式暗示着父母与孩子之间的日常互动有问题。改善交流能够解决个性强的孩子的许多问题，因为孩子会变得更加配合，会更愿意听从父母的要求。同时，父母也能由此学会适用于各种不同问题情景的全套技巧。换句话说，5 周教养方案将会帮助你掌握一些育儿技巧，在任何复杂情况下都能解决孩子个性带来的行为问题。

孩子的听话程度

判断孩子的行为问题是否严重的另一种方法是，设置一种与他互动的情景，这将会给你提供第一手资料。在这种交流互动中，你只需要准备一些玩具并留出与孩子单独相处的时间，然后给孩子发出一系列指令，看他是否会听从你的要求。个性强的孩子通常都不那么听话。

美国爱达荷州立大学的心理学家马克·罗伯茨（Mark Roberts）研发了一套标准指令，称为服从性测试，父母可用来检测孩子的听话程度。这套指令共有 30 条，下页的专栏列出了其中前 10 条指令。进行这项测试时，请告诉你的孩子，你想要他帮忙做些事情。拿出专栏中列出的玩具，然后严格按照专栏中的说明对孩子发出指令。不要讲额外的话，也不要做额外的事情。这样做可能会有点难，你可能会感觉不太适应，因为你平时可能习惯于给孩子讲明你让他做事情的原因。但是，单纯发出指令能更清楚地知道孩子对你指令的反应。这些指令足以让你了解孩子是否听话。另外，心理学家麦克马洪及同事最近研究发现，有些孩了在父母给他们下达完 30 条指令后变得很痛苦。

服从性测试

所需的玩具：猫、熊、狗、青蛙、盒子、两辆小汽车、自动倾卸卡车、兔子、人偶、两块积木。（可以用其他玩具代替前面提到的玩具）

1. 把猫放进盒子里。
2. 把熊放进盒子里。
3. 把青蛙放进盒子里。
4. 把狗放进盒子里。
5. 把兔子放进盒子里。
6. 把这块积木放进卡车里。
7. 把小汽车放进卡车里。
8. 把人偶放进卡车里。
9. 把这块积木放进卡车里。
10. 把这个动物放进卡车里。

来源：马克·罗伯茨，爱达荷州立大学心理学教授。经授权转载。

记录孩子是否在 5 秒内听从你的指令，然后再接着发出下一条指令。如此继续，直至发完 10 条指令。在这个过程中，你可能会观察到一些情况。第一，随着你发出的指令越来越多，孩子可能会变得越来越不听话。这很正常，不要大惊小怪。第二，很少有孩子会完全听从所有指令。因此，不要期望孩子完全顺从，这既不现实，也不可取。

如何知道孩子是否存在不听话的问题？如果他听从的指令不足 60%，你就有理由怀疑他不听话。但是，也应当考虑一些其他因素。比如，他是否顶嘴（"你不能让我做这件事！"），是否开始生气或者攻击别人？所有这些行为和他的实际顺从情况都是重要的参考信息，用来评估孩子的顺从程度。毫不奇怪，在服从性测试中得分低的孩子，他们的父母对孩子的日常行为经常会出现下面这样的抱怨：

> 太让人崩溃了！晚上我没办法让马克上床睡觉，早上我又没办法让他起床。我叫他、摇晃他、不断地走进他的房间……但他就是不起床。最后，我只能把他抱起来，让他坐在床上给他穿衣服，而他还在那里生气尖叫。这时，我们两个都十分暴躁，时间已经很晚了，只能手忙脚乱地吃完早餐。谁能想象我们几乎每天都是以这样的方式开启新的一天！
>
> 特蕾西太难搞了！她从来都不愿意洗澡，但是，一旦她进入澡盆，我又没办法让她出来！一听到我说该洗澡了，她就开始尖叫，跑开。我得和她搏斗才能帮她脱掉衣服，把她拖进澡盆。可是一旦进入水中她就会很乖，直到让她从澡盆里出来。这时另一场搏斗又开始了！她边踢边喊，我得把她从澡盆中拖出来，给她擦干，给她穿好衣服……做这一切时她都在生气地哭喊，好像要让她去死一样！

先来看看我们为什么要关注孩子是否听话。一些临床研究人员认为，不听话是幼儿行为问题的根本。这意味着什么？第一，不听话是幼儿中最常出现的行为问题。第二，这一点或许更加重要，不听话这种问题行为是其他问题行为的基础。也就是说，孩子在幼年如果没有违背大人的意愿的问题，那么在学龄前或以后也不太可能有其他一些问题行为。因为那些问题行为都是建立在不听话这个根本行为之上的。因此，判断孩子是否有不听话的问题十分重要，这也是个性强的孩子身上比较常见的问题行为。

我们再回到表 5-1 中的那些情景。你的孩子在大多数情景中是否都不听话？比如，当你让他上床睡觉、来吃饭或者从澡盆中出来时，他是否都不听话？这里提到的每一种情景都代表着你想让孩子听话的一个时刻。另外，在表 5-1 的日常情景和服从性测试中，你的孩子可能都表现出个性强的孩子会出现的几种问题行为。比如，他可能喜欢争论、尖叫，具有攻击性。按照本章提供的方法进行观察和训练，你或许会发现，你收集到的所有与孩子行为相关的信息都勾画出了一个个性强的孩子的形象。

你的沮丧程度

还有最后一个测试可以帮你判断是否需要实施 5 周教养方案。这个测试非常简单，只需要你花上几分钟认真思考，然后回答这样一个问题：我是否经常对孩子的行为感到沮丧，并且无力帮助他纠正？如果答案是肯定的，你就需要指导来帮助孩子和自己。5 周教养方案正适合你。

5 周教养方案简介

这套 5 周教养方案旨在解决孩子因强烈的个性所产生的负面行为，包括 5 种育儿技巧，供你每周学习一种。这些技巧环环相扣，因此，必须在掌握了前一种技巧后再学习后一种。掌握一种技巧不单是指了解这种技巧、知道怎样做，还指要在日常生活中把这种技巧应用到孩子身上。这就是为什么我们要安排一周时间来学习一种技巧。因为想要做到自如运用一种新的育儿技巧至少需要一周时间，信不信由你！

5 周教养方案每一周都会给你介绍一种技巧，在这一周里你每天都要反复实践这项技巧。当你花一周甚至更长时间掌握了这项技巧后，就可以进入下一种技巧的学习。在没有完全掌握这项技巧之前不要开始学习下一种技巧。这也是该方案的最大优势，因为它能真正改变你和孩子的行为。所以，你应该反复实践每一种技巧，直到它成为你和孩子日常生活的一部分为止。

在双亲家庭中，父母同时实施 5 周教养方案效果会更加明显，孩子的行为会有更大变化，家庭成员之间的关系也会有很大改善。如果父母二人同时参与这项计划，你们可以先在彼此身上练习一下，然后再应用到孩子身上。父母中的一位可以扮演孩子的角色，另一位则扮演父母的角色，练习一轮之后进行角色互换，这样，两个人都可以得到练习。一开始你们可能会不适应，但是，这样能够帮助你们切实学会育儿技巧，并将其连贯有效地应用在孩子身上。

史密斯家和琼斯家

为帮助你了解个性强的孩子的家庭所经历的问题类型，同时帮助你看到 5 周教养方案的效果，我们一起来看看史密斯家和琼斯家的情况，我们会跟踪他们两家对 5 周教养方案的实施情况。

史密斯家

约翰·史密斯和芭芭拉·史密斯青梅竹马，一起在中西部的一个小镇长大。约翰职校毕业后就和芭芭拉结婚了，他们移居到邻州的一座城市，约翰在那里的一家新创公司做销售。

让约翰和芭芭拉二人高兴的是，移居到新的城市不久，芭芭拉就怀孕了。在接下来的两年里，芭芭拉全身心地担任家庭主妇，照顾他们的女儿苏珊。虽然约翰每天都加班加点工作，但每个认识他的人都知道他很顾家。

苏珊两岁生日后不久，芭芭拉又怀孕了，夫妇俩十分高兴。9个月后，他们的儿子蒂姆出生。芭芭拉和约翰很快就发现，蒂姆和婴儿时期的苏珊完全不一样。苏珊会躺在她的小床上咿咿呀呀，或是坐在地板上专注地玩耍，而蒂姆脾气暴躁，晚上闹腾不睡觉，吃奶也难伺候，他奶量小，吃完奶就哭，然后吐奶。苏珊婴儿时期，芭芭拉每天都会高兴地在门口迎接约翰下班回家。而蒂姆出生后，迎接约翰下班回家的是芭芭拉的愤怒、疲惫和沮丧。以前下班回家约翰就会放松下来，陪女儿玩耍，细数一天的工作，听苏珊讲她的事情。而现在回到家，因为蒂姆每晚两三个小时就哭闹一次，约翰和芭芭拉得轮流起床安抚他。

接下来两年，蒂姆的行为有所转变，但是并没有变好。只不过不再哭着要求抱他起床，而是爬起来满屋穿梭，一会儿糟蹋杂志，一会儿拆卸相框，一会儿破坏他姐姐的玩偶……芭芭拉发现自己变成了一个习惯说"不"的妈妈。用她自己的话讲："似乎每次我要和蒂姆说话时，第一句话都是'不，蒂姆，不要那样做！'"芭芭拉还发现，自己越来越频繁地打蒂姆。约翰一回家，她就会找各种借口出门，心头总会萦绕着这样的想法："我很爱蒂姆，但是我真的不喜欢他！"每次出现这种想法后芭芭拉都会感到很内疚，尤其是在夜深人静蒂姆已经入睡的时候。

随着蒂姆不断长大，他的行为问题似乎越来越严重。他好像总是招惹姐姐，总是对妈妈大声尖叫："你别想让我那么做！"父母的要求，即使是最简单的要求他也会拒绝，晚上上床睡觉能磨蹭几个小时。他出门在外与父母相处也一样糟糕。在超市里，蒂姆会挣脱妈妈的手，在过道上跑来跑去。芭芭拉要是拉住他，他马上就会大声尖叫，躺在地上打滚撒泼。在公共场所芭芭拉简直拿他没办法，所以，只有在爸爸有空时才会带他出门。事实上，除非必要，夫妇俩平时能不带他出门就不带他出门。

芭芭拉和约翰两人自己也过得不好。芭芭拉经常会心情不好，情绪低落，而约翰工作的时间也越来越长，即使在家，他也很容易生气。约翰总是朝芭芭拉发火，和两个孩子待在一起的时间越来越少。他抱怨家里乱糟糟的，"工作压力大，家里一团糟，简直让人崩溃！"

芭芭拉和约翰最后终于意识到蒂姆的行为是一个必须解决的问题。而且，他们还意识到他们的家庭氛围和家庭关系不够积极。和孩子们一起玩耍、一家人围坐在餐桌前愉快交谈、一起看电视、一起去公园野餐……这些家庭活动全都没有。欢乐时光都已远去，家庭生活变成了一种痛苦。最终，约翰和芭芭拉决定同心协力改变蒂姆的行为，营造更加积极的家庭氛围。单单做出这个决定就已经鼓舞了他们的精神，重新燃起了他们对家庭生活的热情。

琼斯家

埃德·琼斯和帕特里夏·琼斯相识于东海岸一所州立大学，当时他们是新闻专业大三的同班同学。他们兴趣迥异：埃德喜欢运动和聚会，喜欢呼朋唤友；帕特里夏喜欢在家看电影，喜欢浪漫晚餐。即使如此，埃德和帕特里夏仍然爱得神魂颠倒，大学一毕业就结婚了。

他们后来搬到西海岸的一座大城市生活，在那里，埃德就职于一家大公司，帕特里夏成为一名自由作家。她在一些颇受欢迎的杂志上发表了几篇文章之后声名鹊起，而她的成名实际上拉开了她与埃德之间的距离，因为埃德在公司里并没有得到认可和提升。

29岁时，帕特里夏怀孕了，她与埃德的关系似乎因此得到了改善。因为那么多年来，他们似乎第一次有了一个共同的目标：养育一个孩子。女儿丽莎出生后，埃德和帕特里夏都扮演着慈爱父母的角色，对孩子有些过度关注，不过丽莎在娇惯之下还是长成了一个人见人爱的孩子。

帕特里夏的生活主要围着丽莎转，并继续当着成功的自由作家。埃德感觉自己游离在丽莎和她妈妈的关系之外，同时也无法分享帕特里夏事业上的成功，于是他渐渐疏远了家庭，很快回到婚前喜欢的各种活动之中，把业余时间都花在了体育运动和泡吧上。

因为埃德的行为，帕特里夏和埃德的争吵变得越来越频繁。起初他们会在丽莎入睡后争吵，但是，很快就开始在其他时间段，甚至当着丽莎的面争吵。后来，埃德和帕特里夏决定分居。最后，他们离婚了。丽莎现在4岁半。

离婚对于琼斯家的每个人来说都不容易。埃德对丽莎更不上心，帕特里夏更加忙于工作，并且开始了一段新恋情。变化最大的还是丽莎，她变得十分难相处，不再是那个人见人爱的孩子。丽莎一旦决定要做什么事情，帕特里夏无论如何都不能让她改变主意。此外，丽莎还拒绝做哪怕最简单的事情。这让帕特里夏作为单亲妈妈的每一天都十分难熬。每天早上出门去上幼儿园前，丽莎都不肯穿外套，到了幼儿园门口不肯下车，晚上不肯洗澡。每次帕特里夏在打电话时，丽莎都不停地打断她，一会儿问东问西，一会儿要这要那。帕特里夏对丽莎威逼利诱，软硬兼施：哄骗、恳求、命令、威胁、大叫……但一切都无济于事。

起初帕特里夏认为，假以时日，丽莎的行为会慢慢好转。但是，半年后，帕特里夏意识到，丽莎的行为变得越来越糟糕了。这时，她明白得采取行动了，而不是坐等丽莎长大自己变好。她需要帮助。

上述两个家庭都参与了我们的 5 周教养方案学习育儿技巧，在后文我们会继续关注他们。

第6章
第1周：关注

　　5 周教养方案的第一种技巧就是关注。关注就是描述孩子的恰当行为，有时也要模仿。从很多方面来讲，关注是最重要的技巧之一，因为它奠定了更加积极融洽的亲子关系的基础。在这种基础之上，你可以更加有效地学习其他技巧，孩子的行为也会迅速得到大幅的改善。关注让你能够全面了解孩子的行为，并且让孩子知道你对他的正面行为非常重视。如果你只是思考个性强的孩子的行为，所想到的大多会是负面的。关注能够让你有机会扭转这种思考定势，因为通过关注你会注意到孩子的许多正面行为。

　　在开始运用关注技巧前，你必须有思想准备，因为据我们研究，许多父母都发现关注是最难学习的技巧之一。因为你总是先注意到孩子的负面行为，因此你需要不断提醒自己，才能真正关注到孩子的正面行为。不过，那些学会并真正关注孩子正面行为的父母都反映，关注是一项非常有用的技巧。各种相关研究也都得出一致结论，认为关注是提高幼儿恰当行为的最重要技巧。

　　为什么关注孩子正面行为很重要？想想你曾共事的几位主管就知道了。他们与员工关系如何？请想出你最喜欢和最不喜欢与其共事的主管，并分别列出他们的三个性格特点。在列举这些性格特点时，人们的答案惊人地相似。你最不喜欢与其共事的主管都表现出过于负面、认为员工所做的一切都理所当然、不理解员工等特点。而你最喜欢与其共事的主管通常都对员工的工作心存感激，温暖又善解人意，总是给员工一些积极的反馈。研究表明，那些经常得到主管积极反馈的员工不仅工作更愉快，而且工作效率更高。你在亲子关系中的角色也和职场关系中的主管差不多。

想到你和孩子的关系时，你会如何描述你作为"主管"的性格特点？个性强的孩子的父母常常会陷入恶性循环。一方面，他们变得过度负面，总是给孩子负面反馈，很少给予适度的温暖。另一方面，个性强的孩子会敏锐地感觉到父母总是关注他们不好的行为，所以他们就继续表现不好，他们的父母也会随之变得更加负面。相反，如果父母学会并使用关注技巧，孩子会感觉到父母变得越来越温暖、越来越关注他的好行为。使用关注技巧可以改善亲子关系，令孩子越来越开心，也越来越配合。

关注的作用

关注所传递的信息是，父母的确在关注孩子好的行为，并对此十分感兴趣。有了积极的家庭生活（见第 12 章），孩子会重视父母的关注。在这样的情况下，关注孩子好的行为，孩子就会更经常地表现出好的行为。

以下是父母关注孩子行为的一些范例：

- "哇！你的积木搭得真高！"
- "你正在把黄色积木放到蓝色积木上面！"
- "你在开卡车！"
- "你把卡车转了个圈！"
- "你把画涂成了红色！"
- "你把天空涂成了蓝色！"
- "你在让玩具们站队！"
- "你把球放到了桶旁边！"
- "你吹好了气球！"
- "气球吹得好大！"
- "哎呀，气球爆了！"

注意，父母不要命令，不要提问，只是描述孩子正在做的事情。还要注意，每一句表述后面都有一个感叹号。这就是说，关注的表述都是充满正面感情和热情的。重要的不是你说的话，而是你说话的方式。

除了描述，父母也可以模仿孩子做事。比如，如果孩子正在搭积木，父母也可以搭积木。模仿不但传递着对孩子行为表示认可的信息，还能教会孩子如何同别人一起玩耍。

两种不同的亲子互动风格

下面是父母与孩子互动的两个不同版本。在第一个版本中，父母主要是命令和提问。在第二个版本中，父母只是关注。在每一句表述后面都有一个字母标识，其中 i 指命令，q 指提问，a 指关注。

以命令和提问为主的互动

妈妈：我们现在一起玩吧。(i)

孩子：好。

妈妈：你想玩什么？(q)

孩子：不知道。

妈妈：呃，我们时间不多，赶紧决定。(i)

孩子：我们玩积木吧。

妈妈：那会很有趣。

孩子：对呀。

妈妈：把积木搬过来，我们一起玩。(i)

孩子：好。

妈妈：你搭得真高。(a)

孩子：是啊。

妈妈：所以，你觉得你能不能搭出像图片里这样的城堡呢？(q)

孩子：我不知道。

妈妈：嗯，试试看。(i)

孩子：好，我试试。

妈妈：你应该把这块大的放在底下。(i)

以关注为主的互动

妈妈：你现在准备好要玩了！(a)

孩子：是的，准备好了。

妈妈：昨天你建了一座大堡垒。

孩子：对！今天我要建一座城堡。

妈妈：那太好了！

孩子：对。

妈妈：现在你正在把这些棕色积木堆成一个大圆形！(a)

孩子：这是我的护城河。

妈妈：儿子，你肯定能搭建高墙！(a)

孩子：现在我正在建一座塔。

妈妈：哇！你这座塔建得真高！(a)

孩子：我希望它不要倒掉。

妈妈：你正在城堡中搭建一排整齐的建筑物。(a)

孩子：对，这些是给士兵们睡觉用的。

妈妈：你现在安上了一扇大门。(a)

孩子：国王和他的手下们需要一扇门走进城堡里去。

以上两种风格看起来区别不大，但是父母给孩子传递的是两种完全不同的信息。在第一段交谈中，父母传递的信息是，她是主宰，她的日程安排比孩子的更重要。在第二段交谈中，父母传递的信息是她对孩子和他的活动很感兴趣。

　　关注听起来似乎简单，但是，做起来还真挺难。大多数个性强的孩子的父母很少会花时间关注孩子的正确行为，相反，他们的主要精力都用在命令孩子和向孩子提问上。这种互动风格暗示个性强的孩子的父母一般来说感兴趣的是孩子对其指令或提问的反应。许多父母与其个性强的孩子之间几乎全部用命令或提问进行互动。另外，这些父母往往不怎么关注孩子是否按令行事，也不大在意孩子有没有回答他们的提问。因此，个性强的孩子往往会把父母的话当成耳边风，久而久之，就不听话了。但是，孩子越是无视父母的话，父母就越觉得有必要多命令和多提问，寄希望于能让孩子偶尔听一次话。这样就进入了一个恶性循环：孩子回应越少，父母命令和提问就越多，而孩子的回应随着命令和提问的增多变得更少。

　　为了改善与你个性强的孩子之间的互动，你必须打破上述恶性循环，关注就是第一步。本章的目标是让你学会关注的技巧，并在本周的后期将其应用到与孩子的日常互动中。

史密斯家和琼斯家

　　我们一起来看看史密斯和琼斯两家是如何学会将关注的技巧应用到日常生活中的。

史密斯家

　　史密斯夫妇很关心蒂姆的个性强行为。他们决定要改变蒂姆的行为，改善家庭生活。改变行动之一就是要更加积极正面地对待蒂姆。夫妇俩都认识到关注是非常好的方法，他们一起学习了关注技巧。起初，约翰觉得一遍又一遍地描述蒂姆的行为显得很傻，但是，他同意和芭芭拉一起练习关注技巧，这样他们就都能够学会并可以共同运用了。

关注技巧的难学程度超出了芭芭拉和约翰的预期。夫妇俩发现他们自己总是在提问（"你在做什么?"）或告诉蒂姆要做什么，而不是简单地在他玩耍时描述他的行动。芭芭拉每天和蒂姆待在一起的时间比约翰长，一开始，她就更加专注于和蒂姆一起练习，每天都会抽出专门的时间和蒂姆一起玩耍。约翰非常愿意看着他们互动练习。这时，他留意到在与蒂姆的互动中芭芭拉发出了多少命令和提问。由此，他反思自己与蒂姆互动中的行为。他开始意识到，在餐桌上、在洗澡时、在外面打球时……他自己对蒂姆说的每一句话几乎都是提问或命令。

在持续观察了芭芭拉和蒂姆之间的游戏互动后，约翰还意识到，随着芭芭拉更侧重于关注而不是要求和提问，蒂姆似乎也越来越喜欢妈妈的陪伴，越来越配合，不像以前那样吵闹。约翰由此得出结论："关注或许还真有点效果。"同时，通过自己将关注技巧应用于蒂姆身上的切身体会，加上观察到约翰与蒂姆之间不断向好的互动，芭芭拉也有同感。

芭芭拉和约翰开始商量，他们想要在和蒂姆一起玩耍的时间之外也运用关注技巧，还讨论对蒂姆的姐姐苏珊也使用这种技巧。芭芭拉发现，如果她将蒂姆的玩具拿到厨房，蒂姆就跟过来在厨房的地板上玩玩具，芭芭拉则会一边做饭一边关注他玩。苏珊对芭芭拉的关注也有回应。事实上，她会笑着说："妈妈，我喜欢和你在一起。"在带着蒂姆去超市时，约翰也开始运用关注技巧。开车带蒂姆外出时，他不再听广播，而是改为向蒂姆介绍窗外沿途风景，他也会描述儿子的行为。蒂姆的行为转变得很快，从经常坐立不安地想从安全带中挣脱到现在可以安静地听爸爸讲话，和爸爸交谈。

约翰和芭芭拉开始意识到，关注是与他们之前的所作所为完全相反的一种行为。过去，只有在蒂姆调皮时，他们才会关注他，但大多数时候是用负面的方式。每次蒂姆表现很好的时候，他们则总是旧事重提："不要惹是生非！"约翰说："蒂姆很少有乖的时候，所以每次他表现乖的时候，我们都缄口不言，因为生怕一开口，下一秒他又不乖了。"

芭芭拉和约翰意识到，关注技巧就像是为让他们关注蒂姆的好行为而专门设计的。他们越是关注蒂姆的好行为，就越发现蒂姆并不是总在捣蛋，他们真的很喜欢和他在一起，至少有些时候是这样。而蒂姆似乎很喜欢被关注，回应也不错，这样，他与父母之间的良性互动就会越来越多。虽然蒂姆现阶段仍然有许多问题，在听从父母的指令方面依然很勉强，但是，至少他们已经有了一个良好的开始。史密斯家正在发生着积极的变化。

琼斯家

帕特里夏与埃德离婚后，她对丽莎的个性强行为越来越束手无策。关注对帕特里夏而言尤其困难，主要是因为，作为一名单亲妈妈，她找不到合适的固定时间段与丽莎一起练习关注技巧。她还没有意识到更加专注于孩子需要付出多少时间和精力。毕竟她的生活很忙，而埃德也因为期待已久的升职调至东海岸。尽管帕特里夏和埃德并没有讨论过孩子的问题，但是，他们都认为，抚养丽莎是帕特里夏的责任。

帕特里夏知道，她必须练习并掌握关注技巧，这样才能帮助改变丽莎的行为。帕特里夏很快发现，根本不必花额外的时间对这个技巧进行练习。她开始利用日常和丽莎在一起的时间。无论是在开车接送丽莎往返家与日托中心的路上，还是在和丽莎共进晚餐的餐桌上，她都在练习关注技巧。起初，丽莎对此并没有热情，因为这需要关掉电视，母女二人专注于彼此。但是，随着妈妈的关注越来越多，丽莎坚持要看电视的次数逐渐减少，最后可以完全不看电视。

丽莎的行为开始变得越来越好。母女二人愉快相处的时间越来越多，她们有时躺在床上窃窃私语或开怀大笑。帕特里夏发现她越来越享受和丽莎在一起的时光。丽莎依然会要求关注，也还会想要以自己的方式行事，但是，她们在一起的欢乐时光越来越多。

学会关注

学习关注技巧最有效的办法就是安排具体的练习时段。在练习时段中，父母大声描述孩子正在做的事情。当父母在练习时段中认真关注时，任何无意中听到的人都能清楚地知道孩子正在做的事情。关注就好像是解说员现场解说体育赛事一样。刚开始练习时，许多父母都会感到不适应，甚至感觉运用关注技巧时显得太傻了，这让他们听起来很幼稚。事实上，我们就是要让父母的表达听起来幼稚一点。

在安排练习时段时，每天至少安排两个 10 分钟的时间段。在这些时间段，你和孩子可以在一个玩耍的情景中一起坐下来，这期间不能被打扰。对于当今忙碌的家庭来说，很难找到不被打扰的练习时间段。但是，如果你想要有效地学习关注技巧，就必须这样安排，学习其他的育儿技巧也同样如此。想要改善孩子的个性强行为，你必须高度重视陪伴孩子的时间长短和质量，这样才能有效地学习这些育儿技巧，我们称之为变得专注于孩子。当专注于孩子时，你所有的思想和语言都会放在孩子身上。你不会去想晚餐、工作或其他任何事情，所想的只有孩子。

一旦完成了计划，你可以适当减少对孩子的关注，但是，那时你可能就不想放弃与孩子相处的特殊时间段了。你会发现和孩子在一起比以前更加快乐和满足。

在每一个 10 分钟的练习时段里，告诉孩子可以随心所欲地玩任何想玩的玩具（合理范围内的），并拿这些玩具和他一起坐在地板上玩。在玩耍过程中，你的任务就是使用关注的语气描述孩子的恰当行为。如果这期间孩子偶尔有细微的不当行为，别管它。除了关注孩子的恰当行为，你还可以模仿孩子的行为，但是模仿时不要指导或组织他的活动。和描述一样，模仿传递的信息是"我对你所做的事情很感兴趣"。同样重要的是，在练习时段，不要用命令或提问的语气和孩子讲话，不要对孩子说教，比如，不要说"约翰尼，这块积木是红色的"之类的话。这是由孩子来指挥活动的时间。

像许多个性强的孩子的家长一样，你可能总是习惯于用命令或提问的语气和孩子交流而不自知。所以，请把你与孩子练习时段的对话录下来，再抽空回听，这会很有帮助。或者你也可以让配偶或其他人帮忙记录你在练习时段关注、命令和提问的次数。无论使用哪种方式，你都可能会对自己命令和提问的次数感到惊讶。

在与孩子互动玩耍的时段，父母常常觉得很难把命令和提问转变成关注，因此你需要认真思考你的每一次表述。如果你想说"你在搭积木吗"，不妨改成"你现在正在搭积木哦"。这样的表述没有对孩子提出任何要求，但是让他知道你对他的活动感兴趣。

有时孩子可能会说"你为什么说得这么搞笑"或"你为什么要说这些"之类的话，你可以回答他"我只是对你玩的东西感兴趣"。大多数情况下这样解释就够了。如果孩子继续问，请忽略他的问题，带着兴趣和热情专注地看他的活动。如果你的孩子似乎受到过度的刺激，那就减少关注度。但是要记住一点，此时此刻只是你学习关注技巧的一个练习时段。

和孩子这种每天两个 10 分钟的练习时段需要持续 7 天。不要觉得有负担，因为为人父母本身就没有周末和节假日！每一个练习时段结束后，听听这个时段的录音，或是参考一下观察者的反馈意见。在整个 10 分钟的时段里，你平均每分钟要对孩子给予 4 次关注（一个 10 分钟的练习时段里需要 40 次关注），而命令和提问总数则不能超过 4 次。尤其重要的是，像对待孩子一样，你也要专注于自己积极正面的表现，不要过于挑剔。你正在花费时间精力努力学习一种新的育儿技巧，这需要时间。犒劳一下自己：拍拍自己的肩膀，表扬一下自己，悠闲地散散步，看看你最喜欢的电视喜剧节目……总之，做点真正让自己高兴的事情，鼓励自己。育儿是一项艰难的任务，你的努力应当得到奖励。下页的"练习指南"专栏总结了关注练习时段的注意事项。

练习指南

关注

不要做	要做
<ul><li>命令。</li><li>提问。</li><li>说教。</li></ul>	<ul><li>描述孩子的恰当行为。</li><li>模仿孩子玩的动作。</li><li>对练习时段进行录音或请别人观察记录。</li><li>评估自己的表现。</li><li>奖励自己的努力和表现。</li><li>认识到有效的关注需要你自己长期努力。</li></ul>

　　按照上述指南练习三天后你要增加一项新任务：每天找两个至少 5 分钟的"自然时段"来关注你的孩子。可以是你开车接送孩子的时间，也可以是你给孩子洗澡的时间，或者是和孩子一起购物的时间。这些时段，还有你和孩子互动的其他日常时段都非常适合练习，这能帮你将关注技巧融入和孩子的生活日常之中。只有当这种技巧成为你们日常互动的一部分时，孩子的问题行为才会开始改变，你们的亲子关系也才会随之改善。

　　最后，从第五天开始，在完成前面提到的任务的基础上，在你和孩子都在家的时候每天安排半小时时间，可以安排在下午或是晚餐后，你的任务就是在这半小时内给予孩子至少 15 次关注。有些父母用计数器来记录他们的关注次数，并以此提醒自己现在是练习关注技巧的时段。如果你喜欢，也可以用其他方式来计数和提醒，比如在手腕上套橡皮筋等。

"练一练"专栏中列出了本周每天运用关注技巧的要求。你可以在其中记录每天的任务完成情况。

Parenting the Strong-Willed Child

练一练

第 1 周每天任务：关注

任务	天数						
	1	2	3	4	5	6	7
1. 两个 10 分钟练习时段。	☐	☐	☐	☐	☐	☐	☐
2. 两个 5 分钟自然时段。				☐	☐	☐	☐
3. 一个 30 分钟时段（15 次关注）。					☐	☐	☐

练习你的新技巧

你可能会想："是不是从此以后，我就绝对不能命令孩子或向他提问了呢?"。当然不是。在你学习关注技巧的这一周里，你的孩子需要做的事情非常多。在非练习时段，你还是可以继续命令他，很多时候你一定也想问他一些问题。但是，在你向孩子提问时，要认真听听他的回答。如果你都等不及听他回答，那又为什么要问呢？你得想一想，在与孩子互动的过程中，自己命令和提问次数是否过多，是否都有必要。很多时候，可以试着把命令或提问的语气改成关注的语气，这对亲子关系大有裨益。

如果这看起来很难，不要泄气。实施 5 周教养方案确实需要你付出大量的努力。正如前辈总结的那样："除了努力，别无捷径。"显然，育儿是一桩苦差，改变育儿方式更苦。每隔几天完成任务后就奖励自己一次吧。奖励自己看一次电影，吃一顿特别的午餐，或者是做自己喜欢的其他事情。这些都是你应得的！

在和孩子一起玩的过程中学习关注这种育儿技巧十分重要。在这种特定情景中学会了关注技巧，你就可以开始在全天的各种情景中使用它。通过全天候的关注让孩子知道，你对他的恰当行为感兴趣，并且对他很认可。

在接下来的 7 天里，请只专注于关注这个技巧。一定要挡住诱惑，不要看下一章！在本计划中，一次只能学习一种技巧，这样学习效果更好。后面的每一个技巧都是以前一个技巧为基础的，想要一次性地学完所有技巧或快速学完整个计划，往往不能有效改变个性强的负面行为。冰冻三尺，非一日之寒。孩子的个性不是一天形成的，也不可能一天就改变。耐心很重要！

第7章
第2周：奖励

在练习关注技巧时，你只是简单地描述孩子正在进行的活动或模仿他，接下来将要学习的技巧是奖励。该技巧是为确保孩子知道你认可他的行为而设计的。奖励并不能取代关注，而是以关注为基础的另一种技巧。换句话说，你仍然需要描述孩子的一些正面行为，偶尔还需要对这种好的行为给予表扬和奖励。本章我们将介绍最重要的几种奖励类型，并说明该如何有效运用奖励技巧。一般来说，奖励可分为社交性奖励和非社交性奖励。其中社交性奖励可以是口头的、肢体的或是活动性的，非社交性奖励则是物质的。请看表7-1。

表7-1　奖励的类型

社交性奖励	非社交性奖励
· 口头的：表扬孩子的可取行为 · 肢体的：在孩子表现出可取行为后给予肢体接触（比如拍拍背） · 活动性的：在孩子表现出可取行为后让孩子选择想要进行的活动	· 在孩子表现出可取行为后送给他玩具或其他小礼物

口头奖励

在给幼儿的奖励中，最重要的一种就是口头奖励，即表扬。在这种奖励中，你对孩子的行为提出表扬，并明确指出你欣赏孩子的哪种行为或哪件事，这尤其重要。比如，你可能会说："谢谢你收拾起你的玩具！"看看这句表述，不仅表扬了孩子，还让他知道具体是他的哪项行为（收拾起玩具）受到了表扬。所以，你既是在表扬（"谢谢"）孩子，也是在关注（"收拾起你的玩具"）他。以下是口头奖励的其他一些范例：

- "我喜欢我一叫你就来吃饭！"
- "你能这样安静地玩儿我感到自豪！"
- "谢谢你收拾了你的积木！"
- "我很喜欢你听话！"
- "哇，你把自己房间打扫得真干净！"
- "谢谢你帮我煮晚餐！"
- "你取得了这么好的成绩，我真为你骄傲！"
- "你和妹妹玩得很好，真是个超级棒的孩子！"
- "鲍勃，我喊一遍你就来了，真谢谢你！"
- "我们去购物时我注意到你很努力地跟在我身边！"
- "今天早上我一喊你马上就从床上弹起来了！谢谢你！"

在所有这些范例中，我们都是在就某项具体的可取行为来表扬孩子。对于学龄前的儿童来说，这特别重要。父母要正面评价孩子，同时也要让他们知道我们具体是对他们的哪些行为表示认可。在与孩子交谈的过程中，我们能给孩子的信息和反馈越多，他们就越愿意学习好的行为。

在有些情况下，你可能没时间或感觉没必要指出孩子的具体行为，这时，可以用一些简短的评论或泛泛的口头奖励。比如"干得好""太棒了"或"谢谢"等。同样，每一种表述都要让你的孩子感受到你对他行为的认可和自豪。但是，这种笼统的表述效果会差一点。

对我们很多人而言，口头奖励很难张嘴就来。所以，你需要在卡片上写下一些与孩子相处时能够用得上的口头奖励语。随身带着这些卡片，偶尔拿出来看一看，有助于你在孩子表现好的时候及时给予表扬。

为有效运用口头奖励，你不仅得考虑要说什么，还要考虑怎么说。要用高兴热情的语调来表扬。当然，有些人不善于表达。如果你恰好是这样的人，在表扬孩子的时候，请努力变得善于表达一些。一句积极的表述，比如"我很高兴你收拾了玩具"，如果用单调的语气讲出来也没什么感染力。想一想，当你真的对某件事感到兴奋时，你会怎样表达？那就是你对孩子进行口头奖励时该有的样子。

我们的研究表明，读完这本书后，父母普遍认为口头奖励是相对比较容易学习的技巧，重要的是，它也是改善孩子不当行为最有用的技巧。这个信息固然非常令人振奋，但是，这并不意味着学习口头奖励孩子是容易的事，它也需要你努力专心学习。

肢体奖励

拍拍孩子的背、搂搂孩子的肩或向孩子眨眨眼……这些肢体奖励都会让孩子知道你喜欢他表现出来的行为。拥抱和亲吻也可用于表达肢体奖励，但是，比起被当成某种奖励，这些更适合用来对孩子表达无条件的爱。

　　想想你与你的个性强的孩子之间有多少积极的肢体交流。我们接触过许多不喜欢他们孩子行为的父母，他们与孩子之间几乎没有肢体接触。如果你也是这样的父母，从现在开始，请努力改变自己。轻轻地摸摸孩子的肩头、拍拍孩子的背、简单地一眨眼或一弹指……这些对孩子而言都意义非凡。一个比较务实的目标就是，每天努力比以前多触摸孩子 20 次。这样做的效果一定会出乎你的意料。

活动奖励

　　当孩子有行为问题时，父母变得不怎么喜欢和孩子互动，往往只有在孩子洗澡、吃饭和睡觉等必要时间才会这么做。这样就减少了原本可以和孩子一起欢乐互动的机会。让孩子进行他喜欢的活动，这对孩子是一种很好的鼓励，也能让你有机会发现孩子好的一面。活动奖励包括玩游戏、读故事、散步等。在孩子表现好的时候，比如收拾好了玩具或是坚持完成了一项艰难的任务时，可以采用活动奖励。但不要只是用活动的形式来奖励孩子，还要尽可能多找些时间和孩子一起参与游戏活动，这样既能愉悦自己，又能改善亲子关系。

　　活动奖励能让你变得更加专注于孩子。这种方法对于为人父母的你来说很重要。你越专注于孩子，你自己的行为越像个孩子，你也就会越欣赏孩子，越能改善亲子关系，甚至会发现孩子更愿意配合你。变得像个孩子的意思是，和孩子一起做他喜欢做的事，比如搭积木、散步、抛球、玩玩偶或玩电子游戏等。参与这些活动时，你要放下大人的身份，像个孩子一样玩耍。

如何为孩子确定奖励活动？一种方法是回忆孩子曾让你和他一起玩过什么，另一种方法是直接问孩子喜欢玩什么。你可以把这些奖励活动列出来，让孩子知道只要他完成了某些任务，你和他就可以一起进行这些活动。

非社交性奖励

另一种奖励是非社交性奖励，或称为物质奖励，比如送给孩子玩具等他喜欢的物品作为特别的小礼物。在你开始教给孩子一种新行为时，物质奖励通常很管用。但是，非社交性奖励一般要结合表扬一起使用。对你的孩子而言，关注才是最重要的。换句话说，如果孩子表现好，仅仅给予物质奖励而没有表扬，并不能非常有效地改变孩子的行为。相反，你用社交奖励的方式表达出来的关注才是最重要的，应该自然地与非社交性奖励结合起来使用。

史密斯家和琼斯家

我们再回到史密斯家和琼斯家。在学习奖励技巧时，他们遇到了一些问题，同时也获得了一些成功。

史密斯家

我们上次去拜访芭芭拉和约翰一家时，他们与蒂姆相处的积极时光开始多了起来，而且他们已经意识到关注蒂姆积极行为的重要性。对于史密斯家来说，关注是一个全新的概念。相反，奖励这个概念则并不新奇。约翰和芭芭拉都曾在各种报刊的育儿文章中读到过奖励正面行为的重要性。但是，起初他们觉得奖励就是给孩子糖果和玩具，认为这是对孩子表现好的一种贿赂。他们没有意识到关注是对孩子或成年人的一种奖励，也没有意识到奖励不是贿赂。教孩子表现好应该这样做：起初对孩子行为的细小转变给予经常性奖励，然后逐渐开始要求孩子取得更大的进步来争取奖励，一旦孩子养成了好的行为习惯就逐渐减少奖励，因为行为的巩固需要内在的满足感而不是外部的奖励来激励。对于以上方法芭芭拉和约翰闻所未闻。

芭芭拉和约翰发现，将奖励技巧融入他们每天与蒂姆的练习时段中比较容易，但是，要融入日常生活中就有点难了。尤其是夫妇俩现在考虑得更多的仍然是如何约束蒂姆的负面行为，而不是专注于他偶尔的正面行为。二人必须共同努力，制订一份系统的计划，慢慢将焦点从蒂姆的负面行为转移到他的正面行为上。

约翰和芭芭拉选择从蒂姆在他们谈话期间安静玩耍这个行为入手。他们开始关注蒂姆不来打扰他们交谈的行为，而不再关注他来打扰他们的行为。约翰发现这非常困难，因为他解决所有问题的方法向来都是直奔主题，直接解决，而不关注如何防止问题发生。因此，一开始主要由芭芭拉来解决蒂姆打扰他们交谈的行为。每次约翰和芭芭拉交谈时，只要蒂姆安静地自己玩耍，芭芭拉都会转过头去表扬他。起初，蒂姆只是迷惑地看着芭芭拉，偶尔也会问她为什么要那样说。但很快他就适应了，只是看着她笑笑，然后接着自己玩。随着芭芭拉的不断表扬，约翰也逐渐开始对蒂姆的这种表现给予正面评价。蒂姆打扰父母交谈的情况越来越少，史密斯夫妇渐渐发现，对蒂姆的这种行为他们可以比以前表扬得少一些了。

芭芭拉和约翰觉得他们成功地将关注点转移到了蒂姆不打扰他们交谈的行为上，于是，他们决定着手解决下一个问题行为。每次只专注于解决一个问题行为，解决好一个之后再解决第二个。芭芭拉和约翰并没有对蒂姆的问题行为感到不知所措。相反，他们以这种方法缓慢而有效地逐个解决了蒂姆那些给家庭制造了不和谐的问题行为。芭芭拉和约翰发现，每解决一个新的问题行为，奖励好行为都变得更容易，蒂姆的行为也转变得更快。

芭芭拉和约翰不只奖励蒂姆的好行为，也开始把这种方法用到蒂姆的姐姐苏珊身上。苏珊的行为改善比蒂姆更快。芭芭拉和约翰只要跟苏珊讲清楚打扫房间的意义，并在她打扫的过程中和结束后对她进行表扬，就可以几乎毫不费力地让她做此类家务。

芭芭拉和约翰感觉越来越得心应手。他们有计划，而且能够看到蒂姆的行为在逐渐变好。此外，他们的家庭生活越来越幸福，他们二人的关系也越来越融洽。共同解决问题所得到的回报完全超出他们的预期！

琼斯家

我们上次去了解了琼斯家的情况后发现，自从帕特里夏运用关注技巧后，她和丽莎共处的欢乐时光变多了。对帕特里夏而言，在她的事业上，她本人得到了大量的关注。之前在与埃德的婚姻中，她缺乏关注，而在新的恋爱关系中，她所得到的关注与之前形成了鲜明的对比。所以，关注丽莎的正面行为、奖励她细小的行为进步、表扬她等，这些理念对帕特里夏而言很容易理解。

对于帕特里夏来说，关注的困难在于确定、专注和表扬丽莎正面行为所需要投入的时间和精力。在朋友和同事的帮助下，帕特丽夏决定每周两次抽出几个小时抛开丽莎和其他所有人，独自去参加一项有趣的活动。她觉得这样的独处时光能让她保持头脑清醒，同时得到释放，这之后她才能更好地专注于丽莎好的行为表现。帕特里夏决定重回马背，骑马是她在结婚前十分喜欢的一项运动。

帕特里夏发现，骑马正是她所需要的。在骑马的这段时间里，她可以远离工作，远离那一地鸡毛的生活。她还可以利用这段时间思考丽莎的哪些行为是她希望努力改变的，她该如何利用奖励的技巧来实现这个目标。骑马给她完成这项任务注入了新的能量。帕特里夏骑马时给自己定了个规矩，即不去想工作，让心绪放飞一会儿之后再回到丽莎身上。

帕特里夏平时很忙，陪伴丽莎的时间很少，而她还要花时间独自去骑马，这一度让帕特里夏感到很内疚。但是，她的朋友指出，她这样做是在滋养自己，是在奖励自己为丽莎所做的一切，让自己有时间思考如何更有效地教育好丽莎。从这个角度来看待自己的行为，帕特里夏这才控制住内疚感。这么长时间以来，她第一次对自己作为一个母亲感到满意。

奖励时的一些常见顾虑

　　和史密斯夫妇一样，很多父母对奖励都有顾虑。最常见的问题就是认为对小孩子进行奖励是贿赂他的一种方式。事实上，奖励和贿赂是两回事。我们都努力想得到奖励，比如你因为工作出色而获得的金钱激励等。而贿赂是用来引诱人去做坏事或进行不正当的行为的，这显然不是你奖励孩子的目的。

　　一些权威人士坚持主张，表扬、口头奖励与鼓励差别很大。他们认为表扬只适用于对孩子完成某项任务时的褒奖，在孩子付出努力或取得进步时，适合鼓励，而不是表扬。这些权威人士还认为，表扬是着眼于竞争或比较，而鼓励则是着眼于孩子的才干和优点，也就是说，对竞赛或比较中的胜出者适合用表扬，而对孩子自身的努力和进步则适合用鼓励。我们不同意他们对表扬的这种狭隘理解。依我们之见，表扬就是着眼于孩子的才干和优点，对孩子的努力和进步予以肯定。我们认为，这些权威人士所给出的"你已经很努力啦"等许多鼓励类的话本身就是表扬。总之，我们认为鼓励和表扬之间的区别往往只在语义之间，比较主观。表扬和鼓励都是用于促进可取行为的社交性奖励，包括表扬和鼓励在内的所有社交性奖励都很重要。我们鼓励你们表扬和鼓励自己的孩子！

　　对于奖励的另一个顾虑是，担心孩子会依赖奖励而缺乏内在动力。事实上，奖励不仅不会破坏内在动力，反而会增强内在动力。作为父母、老师或者管理者，我们教授孩子一种新行为，最初都是使用奖励的办法。一旦孩子学会这种行为，我们就会逐渐减少外部奖励，转而依靠孩子的内在动力来巩固它。你的奖励只会让你个性强的孩子更经常地表现出父母希望他表现的行为。随着时间的推移以及你们之间亲子关系的改善，他会表现出这些行为来愉悦你和他自己。

最后，很多父母的经历让他们对奖励的作用产生了怀疑。他们说："我尽自己最大所能地积极面对孩子，对孩子用尽了奖励的办法，但孩子的行为依然很可怕。"是的，大多数父母都有过这种尝试。但是，奖励不奏效往往是因为父母没有学会并坚持下面所列出的奖励原则。

如何有效使用奖励

在使用奖励改变孩子的行为时要遵循以下重要原则：

- 明确指出你所表扬的行为，这一点之前我们已经讨论过。
- 看到孩子表现好时，立即提出表扬。
- 起初对行为上的小进步进行奖励，每次有小进步都要奖励。
- 只奖励那些你想让孩子更多地表现出来的行为。

坚持以上奖励的原则。你不仅表扬了孩子，还让孩子知道，他因为什么行为而受到表扬，这是孩子最好的学习方法。

如果下午你一喊孩子他就进屋，你对此很满意，那就不要等到晚上很晚才告诉他你赏识他下午的那个行为。在孩子表现好的时候，要及时提出表扬。

一开始要对孩子行为上的小进步进行表扬，每次都要表扬，这很重要。这听上去似乎是一项大任务，事实上也确实如此。不过，不断奖励好的苗头，好的行为也就开始了。随着时间的流逝，孩子的内在动力会增强，这时你就可以在孩子最终完成任务时再进行奖励，而不是奖励过程中的每一步。

最后，只表扬孩子好的行为，以明确那是你想要看到他更多表现出来的行为。这非常重要。如果你对坏行为也表示认可，你的孩子就不知道你想要教会他什么。对于个性强的孩子来说，他或许会为了吸引关注而表现得很糟糕。奖励的原则就是要扭转这种局面，让他在表现好时被关注，表现不好时被无视。现在，请专注于奖励那些你想要他更多表现出来的行为。

奖励的 4 个原则都很重要。请花点时间来考虑一下，在奖励孩子时，你该如何运用这些原则。把它们写在小卡片上，装进口袋里，这样可以帮助自己记忆。

请记住，在 5 周教养方案里，每次只能学习一种技巧。

学会使用奖励

我们来谈谈如何开始使用奖励技巧。请看下页"练习指南"专栏中所总结的那些注意事项。首先，在每天两个 10 分钟的练习时段里，继续关注并开始奖励。口头奖励不能替代关注，只是关注的一个补充，在练习中，你应该同时运用关注和奖励这两种技巧。如果之前在练习时段你曾经录音，那么请继续录音，练习结束后，听听你和孩子的互动交流情况，特别是要留意你在练习期间对孩子给予了多少次关注和奖励。如同在关注练习中一样，如果是由你的配偶或其他人在旁边观察记录，也请继续，这对练习效果也会大有帮助。无论用哪种方法，都必须对练习时段的情况有所反馈，确保你是在正确地练习这种技巧。我们很多人都会以为自己在正确地运用技巧，但是，一旦得到客观反馈，我们往往会惊讶于自己的表现。

Parenting the Strong-Willed Child
练习指南

关注和奖励

不要做	要做
<ul><li>命令。</li><li>提问。</li><li>说教。</li></ul>	<ul><li>描述孩子的恰当行为。</li><li>模仿孩子玩的动作。</li><li>口头表扬孩子的恰当行为并明确指出可取行为（比如，"谢谢你收拾了玩具"）。</li><li>对练习时段进行录音或请别人观察记录。</li><li>奖励自己的努力和表现。</li></ul>

在 10 分钟的练习时段里，你的目标是至少每两分钟给予一次口头表扬和两次关注。另外，继续努力保持此期间的命令次数最多不超过 4 次。请记住，最重要的是，即使你没有实现这一目标，也应当只看自己做得好的地方。把奖励技巧也用在自己身上，强化自己所取得的每一次小进步。

把奖励纳入前两天的日常练习中。从第三天开始，请在这个基础上另外再花 10 分钟私人时间独处或和配偶在一起。在这个时间段里，想出你想要孩子更经常做的三种行为。这一点非常重要。前来寻求我们帮助的人，往往只重视寻找方法来让孩子减少他们不喜欢的行为。事实上，你应当反过来，重视你想要促进的行为。比如，如果你想要孩子在你和配偶讲话时不来打扰你们，不要想办法阻止他来打扰，而要想办法鼓励他安静地独自玩耍。因此，你的注意力要从不让孩子打扰转移到让孩子安静地独自玩耍上，在行为方面从约束孩子打扰的行为转移到奖励他安静地独自玩耍上。使用奖励和关注对促进个性强的孩子的正面行为非常有效。二者并用有助于避免频繁地惩罚孩子。

关注积极面

如果你明确了想要促进的行为，表扬会发挥强大的作用，也会让你受益。

关注分享而不是抢夺

- 错误做法："不要抢你妹妹的玩具！"
- 正确做法："我在打电话时看到你和妹妹分享玩具。你很棒！"

关注听话而不是违抗指令

- 错误做法："你为什么这么不听话！"
- 正确做法："我一叫你就马上穿好了鞋子！"

关注恰当行为而不是不当行为

- 错误做法："我希望你不要在超市的过道上跑来跑去。"
- 正确做法："我很高兴在超市里你大部分时间都跟在我身边。"

> **关注配合而不是发脾气**
>
> - 错误做法："每次我让你从澡盆里出来你都会哭，这让我很崩溃。"
> - 正确做法："我让你从澡盆出来，你就安静地配合，谢谢你。"

在 10 分钟的个人独处时间里，排除包括电视、收音机和吵闹的孩子等一切干扰。明确三个你希望孩子多多表现的行为。这些行为应当是每天都会发生的相对简单的行为。如果你发现自己想到的是希望孩子减少的行为，那就换个角度去看这些行为，找到其积极的一面。不要关注孩子不听话时的行为，要关注孩子听话时的表现；不要关注固执等不当坚持，要关注持续攻克难关的正面坚持；不要紧盯着不当行为加以纠正，要明确恰当行为加以提高，即使这些行为极少出现。这样做，你就在专注于孩子正面行为的这件事上更进了一步。

一旦明确了三个可取行为，再从中选取一个，最好选取一个你认为孩子最有可能表现出的可取行为。这样，在孩子的行为得到进一步提高时，你会很有成就感。接下来，想想你该如何使用关注和奖励技巧来促进孩子的这个行为。表 7-2 中列举了一些可促进孩子行为改善的场景和建议父母所选用的方法，可能会帮助你打开思路，找到促进孩子正面行为的不同方法。注意，必须通盘考虑每一个情景，然后为恰当行为的出现做好铺垫和引导。不能坐等可取行为自动出现，然后再提出表扬。你需要制订一个计划，专注于孩子的正面行为，一旦出现立即表扬。如前所述，育儿是一桩苦差，但是，一切努力都值得。

表 7–2　可促进孩子行为改善的三个场景及建议做法

场景	建议做法
叫孩子过来	1. 在叫孩子时告诉他你想要努力改进他的行为 2. 告诉孩子你期望他怎样做（比如，"当我叫你时，我希望你放下手中的事马上过来"） 3. 你一叫他就过来，马上对他提出表扬 4. 每次都表扬他
让孩子在超市里跟着你	1. 告诉孩子你们要一起努力让他在超市里跟着你 2. 第一次去购物时，把孩子放进购物车内让他跟着你，每 30 秒就关注和表扬他一次 3. 后续去购物时，牵着孩子的手让他跟着你走，每 30 秒就关注和表扬他一次 4. 再后续去购物时，轻轻把手搭在孩子肩上，每 30 秒就关注和表扬他一次 5. 后面再去购物时，让孩子走在你身边，不要任何肢体接触。每 30 秒就关注和表扬他一次 6. 逐渐延长你每次关注和表扬的时间间隔，但不要完全取消关注和表扬
孩子与兄弟姊妹一起玩	1. 告诉两个孩子你希望他们分享玩具，一起玩 2. 密切监督两个孩子玩的情况 3. 表扬恰当的玩耍行为

　　当你选择了一个场景并确定了实施方法的时候，就去做吧。下页的"练一练"专栏中列出了你在 5 周教养方案的第 2 周需要完成的任务。完成本周的任务后，你就可以进入下一个技巧的学习。请注意，专栏中的任务 6 要到第 3 周才能全部完成。

　　在后续几天里，请运用关注和奖励强化你所选择的行为。当你看到孩子的行为有进步时，再从之前你定好的三个可取行为中选出第二个，并努力去改变它。几天后，当你进入下一周的计划，学习新的技巧时，着手第三个行为，不断坚持下去。事实上，你可能总是会思考孩子的行为，并考虑是否有你想要帮助他改变的行为。我们所说的"总是"是指直到你的孩子离开家去工作或上大学。作为低龄孩子的父母，这可能会让你感到惊讶，但是，我们向你保证，孩子的行为总是会有进步空间的。用来奖励他的东西会改变，但是你对提高他正面行为发生频率的关注不会改变。

Parenting the Strong-Willed Child

练一练

第 2 周每天任务：奖励

任务	天数						
	1	2	3	4	5	6	7
1. 两个 10 分钟练习时段。	☐	☐	☐	☐	☐	☐	☐
2. 选出三个需要促进的行为。			☐				
3. 促进三个行为中的第一个。			☐	☐	☐	☐	☐
4. 考虑全天都使用奖励技巧。					☐	☐	☐
5. 促进三个行为中的第二个。						☐	☐
6. 促进三个行为中的第三个（第 3 周）。							

　　第五天该开启另一项任务了。你要开始思考如何在孩子身上全天使用奖励技巧（想了就去做！）。这同样也涉及你要关注孩子的正面行为而不是负面行为。每个孩子都有正面行为，这是我们想要表扬的。但当我们与孩子相处不顺时，往往只能看见孩子行为的消极面。如果你也处于这种状态，在与孩子的日常互动中，就很难有意识地关注孩子行为的积极面。但是，只有这样做，你才能开始改善他的行为，也才能改善亲子关系。

　　可以使用奖励技巧的情景不胜枚举。在下面列举的这些日常情景中，你都可以运用奖励技巧促进孩子的恰当行为：

- 坐在车上。
- 看电视。
- 准备晚餐。
- 吃晚餐。
- 给孩子洗澡。
- 一起去超市购物。
- 早晨起床给孩子穿衣。
- 打理院子。
- 洗碗。
- 哄孩子上床睡觉。
- 早晨一起散步。
- 一起玩游戏。

第 8 章

第 3 周：无视

  进入 5 周教养方案的第 3 周，请继续你的练习，努力提高第 2 周所选三个行为的发生频率。另外，你还需要加入一个新的育儿技巧，这个技巧能够让关注和奖励更加有效。这个新技巧就是无视。无视用于降低不当行为的发生频率。关注和奖励恰当行为，无视某些不当行为，让孩子知道，哪些行为你希望更多看见，哪些行为你不希望看见。

如何运用无视技巧

总体来说，无视就是把注意力从孩子身上完全移开。主要有三项内容：

- 没有肢体接触，不要碰触孩子。
- 没有语言交流，不要和孩子讲话。
- 没有眼神交流，不要看孩子。

如果孩子正在进行危险性或破坏性行为，那么你显然必须有所回应。比如，孩子打小朋友、跑到马路上或不听从你的指令等行为，你都不能无视。关于如何处置这种更加"紧急"的情况，我们将会在第 10 章进行讨论。对于叫喊、发脾气、无理哭闹或提无理要求这样的行为，就可以无视。

为达到无视的效果，你必须转移所有注意力，对孩子的行为完全不予理睬。也就是说，不要看他，不要触碰他，不要和他讲话，完全把他当成空气，你甚至还可以离开那个房间。许多父母在孩子发火或无理取闹时，都选择离开那个房间，去另一个房间冷静。

如果你开始无视某种行为，就必须坚持，否则，你的个性强的孩子会知道，他可以通过发更大火或叫喊更长时间来引起你的关注。不过，刚开始无视某种坏行为时，这种行为通常会变得更加严重。这是因为，孩子有时可能会认为，只要他表现得更坏一些就能引起你的关注。但是，如果你继续无视，这种坏行为的发生频率就会降低，而且一般会持续降低，除非你又开始对这种行为给予关注。记住，关注可以是肢体接触、眼神交流或语言评论。

总之，以下是有效无视的一些基本原则：

- 选择一个可以无视的行为。
- 当这个行为发生时，完全不去理睬。
- 一旦开始无视这个行为，请坚持下去。
- 这个行为的发生频率在降低之前可能先增高，要有思想准备。
- 一旦发现恰当行为，立即给予奖励和关注。

孩子如果在好好地玩玩具，你就关注他；如果他尖叫哭闹，你就不理他。想一想你是否清晰地给他传递出这个信息，让他明白他好好玩就能得到关注，表现不好就没人理？如果你做到了这点，那么孩子很快就知道你想看到的是哪些行为。

哪些行为你可以无视？

孩子有时会做一些令人讨厌或不礼貌的行为，但是这些行为没有对任何人造成危险，也没有破坏任何东西，降低这种行为发生频率的最佳方式就是无视。下面列举了一些通常可以无视的行为：

- 无理要求关注。
- 要求你做你不想做的事。
- 用哭闹吸引关注。
- 发脾气。
- 抱怨。
- 尖叫。
- 噘嘴。
- 炫耀。
- 争论。
- 不耐烦。

研究表明，对父母来说，无视是一种非常难以运用的技巧。一方面是因为，一开始无视时，不当行为会变本加厉，这让父母很难忍受。另一方面，父母都想在看见孩子的不当行为时立即采取行动加以制止。因为父母觉得必须做出回应来改变孩子的行为，这才能显示出自己是负责任的好父母。而无视基本就是不作为，这很难做到。综上所述，为了强迫自己无视，你得离开现场。你可以到卫生间关上门冷静 5 分钟，调整好自己，不要难过，不要回应孩子的不当行为。特别要注意的是，必须在确保孩子独处安全的情况下，你才能离开现场。

我们的研究还表明，虽然无视非常难以运用，但是，在完成 5 周教养方案两个月后，父母认为这种技巧和其他 4 种技巧一样有用。这就意味着，无视需要时间、耐心和坚持才能奏效。它与关注和奖励相结合，效果会很好。关注和奖励恰当行为，无视不当行为，这可以教会孩子哪些行为可取，哪些行为不可取。

在运用无视技巧时，你能帮助孩子了解你所做的一切吗？可以。你可以事先向孩子说明你将会对他的某种行为不予理睬。本章后面会给你示范如何向孩子说明这件事。

史密斯家和琼斯家

让我们再回到史密斯家和琼斯家，看看他们在学习无视技巧时遇到了哪些问题，收获了哪些成功。

史密斯家

我们上次拜访史密斯家时，芭芭拉和约翰正在相互帮助，努力专注于蒂姆的正面行为。下一个技巧是无视，对蒂姆打断他们谈话等不可取行为采取无视的态度。这符合逻辑：如果孩子想要关注，就需要表现好，表现不好时会被无视。另外，要告诉孩子他们的哪些行为将受到表扬，哪些行为将会被无视，这会让孩子更加清楚哪些行为可取，哪些行为不可取。但是，运用无视技巧对史密斯夫妇而言都不容易。

尤其是约翰，他发现要无视孩子的破坏性行为非常难。他的想法是，那样还不如直接采取某种措施对这些行为加以约束。但是，他意识到 5 周教养方案迄今为止都十分有效，而他在学习该方案以前所采取的做法都没有效果。所以，他还是愿意尝试一下这项新技巧。为了帮助约翰，夫妇俩制订了一项计划。每次在蒂姆无理取闹吸引关注，而约翰忍不住想回应时，他就到卫生间去冷静 5 分钟。这样就能确保他无视蒂姆的行为，让蒂姆得不到关注。而且，在约翰与蒂姆练习的时间里，芭芭拉会提醒他该怎样做，鼓励他深呼吸、想点高兴的事，帮助他无视蒂姆的不当行为。

对恰当行为给予奖励，对哭闹、发脾气、要求关注和打断别人交谈等不当行为予以无视，通过这种办法，在接下来的日子里，史密斯夫妇逐渐改变了蒂姆的行为。蒂姆似乎也对自己更加满意，能够更好地控制自己的情绪。他的姐姐苏珊甚至说："现在，我有时也不介意蒂姆进我的房间了。"史密斯家真正取得了进步！

琼斯家

我们上次拜访琼斯家时，帕特里夏决定利用骑马的时间来理清思路，花时间给自己充电以更好地关注丽莎的行为。同史密斯家一样，帕特里夏也认为无视的理念有道理，但她发现自己很难无视丽莎的火气。帕特里夏与丽莎相处的时间很少，所以她希望丽莎在这极少的时间里，尽可能少地出现负面行为。相比无视这个技巧，帕特里夏更倾向于利用关注或其他办法来中止丽莎的怒火。

帕特里夏决定每次只无视一种行为。丽莎总是要求妈妈的关注，一旦帕特里夏正在忙于别的事情而没有及时给予关注，她就会发火。帕特里夏选择无视这种行为。在一次骑马过程中，帕特里夏努力思考阻止丽莎寻求关注和发火等行为的办法，因为这些行为发生得少了，她就不需要经常无视这些行为。她最后决定，花更多时间和丽莎待在一起，专注于她的恰当行为，这样就能减少问题行为发生的机会。而且，现在与丽莎相处的时光其实是非常愉悦的。

当然，帕特里夏知道，她不可能把所有的空闲时间都花在丽莎身上，这样对丽莎和她自己都不好。因此，帕特里夏认识到，有些时候，她还是需要用到无视技巧。因为有平时积极的亲子关系基础，当丽莎真正发火时，帕特里夏觉得无视丽莎也没有那么让自己难过。

对帕特里夏而言，丽莎在超市等公共场所发火的行为最难让她无视，主要是因为很难堪。帕特里夏知道无视是对的，但她担心别人会怎样看她这个当妈妈的。帕特里夏最后还是选择做正确的事。在给丽莎说明她会无视哪些行为和表扬哪些行为之后，帕特里夏增加了对丽莎恰当行为的关注，无视她发火，也无视旁人的眼光，她转过身去，假装很认真地看货架上的货品。这很不容易，但是，丽莎渐渐很少发火，这证明帕特里夏的选择是正确的。

学会无视技巧

你本周的第一项任务就是，在与孩子的练习时段中融入无视技巧，这项任务从第一天开始，贯穿整周。无视技巧与关注和奖励相结合，对恰当行为给予表扬，对发火、叫喊、无理引起关注等不当行为予以无视。在你们的练习时段，如果孩子表现出不可取的行为，就转过身去不理他，直到他的这些行为完全停下为止。他的不当行为似乎没完没了，但是，你的行动会给他一个明确的信号：你不会关注他的这种行为。一旦他停止不可取行为，立刻转身给他关注，奖励他恰当的行为。下面的"练习指南"专栏中列举了第3周练习时段的注意事项。

Parenting the Strong-Willed Child

练习指南

关注、奖励、无视

不要做	要做
• 命令。	• 描述孩子的恰当行为。
• 提问。	• 模仿孩子玩的动作。
• 说教。	• 口头表扬孩子的恰当行为并明确指出可取行为（比如，"谢谢你收拾了玩具"）。
	• 无视不当行为。
	• 对练习时段进行录音或请别人观察记录。
	• 评估自己的表现。
	• 奖励自己的努力和表现。

本周第二天开始需要完成的第二项任务就是，选择一个你觉得可以在练习时段之外无视的行为，该行为应该是本章前面已经提到过的、几乎每天都会发生的行为。选好了一个行为以后，请坐下来和孩子好好解释一下，告诉他这个行为不可取，你会无视它，会关注他的恰当行为。尽可能让你的孩子清楚，你希望哪些行为发生，哪些行为不发生。下面是一位妈妈向孩子解释她将无视的行为：

> 约翰尼，你知道我们一直在努力研究我们的相处方式，我们已经一起练习了很长时间。在你表现好的时候，我总是尽力表扬你。现在，我们要努力做点其他事情。当我说"不，你现在不能吃饼干"时，你有时会尖叫哭闹，你知道吗？现在你要明白两点。第一，当我说"不，你现在不能吃饼干"时，我是认真的，你不可以吃饼干。明白吗？第二，如果你尖叫哭闹，我就会走开，不理你。这表示，当我说"不，你现在不能吃饼干"时，我不喜欢看到你尖叫哭闹。当你不尖叫哭闹时，我保证会让你知道我有多么为你自豪。

然后这位妈妈可以问约翰尼，当他尖叫哭闹时妈妈会怎么做，当他停止尖叫哭闹时妈妈又会怎么做。如果约翰尼还没有理解，这位妈妈可以把她刚才讲的话再重复一遍，甚至还可以和约翰尼来一次角色扮演。她可以让约翰尼假装哭闹和尖叫，然后她可以一边走开一边说："约翰尼在尖叫哭闹。我要到厨房去了。"

在父母无视孩子时，要确保孩子理解父母所做的一切，以便让他更快地从中学会哪些行为可取，哪些行为不可取。另外，需要记住两点。第一，对你要无视的行为只解释一次。不要掉进和孩子不断对问题行为进行探讨和争论的圈套。第二，记得对恰当行为给予关注和口头奖励，否则，无视就毫无作用。

从第二天开始对所选的行为予以无视。一定要严肃认真，确保你对这种行为完全无视。

从第五天开始另外再选一个行为予以无视。按照前面提到的流程，对你将要无视的行为进行解释，然后开始实施。

利用表 8-1，列出你希望无视的行为，并在你成功无视该行为的那一天的方框中打钩。记住，这个过程绝不容易，需要时间。还要记住，要想让无视达到效果，同时还必须对恰当行为予以表扬。只有在恰当行为得到关注和奖励的情况下，对不当行为的无视才会有效果。

表 8-1　记录你在无视不当行为中的成功表现

无视的行为	天数					
	2	3	4	5	6	7
1.	☐	☐	☐	☐	☐	☐
2.				☐	☐	☐

下页的"练一练"专栏中列出了第 3 周需要完成的任务。完成这些流程后，你就可以进入下一项技巧的学习了。

Parenting the Strong-Willed Child

练一练

第 3 周每天任务：无视

任务	天数						
	1	2	3	4	5	6	7
1. 两个 10 分钟练习时段。	☐	☐	☐	☐	☐	☐	☐
2. 无视第一个不当行为：							
选择第一个不当行为。		☐					
向孩子解释说明。		☐					
无视这种行为。	☐	☐	☐	☐	☐	☐	
3. 无视第二个不当行为：							
选择第二个不当行为。					☐		
向孩子解释说明。					☐		
无视这种行为。					☐	☐	☐

第 9 章
第 4 周：发出指令

5 周教养方案进行到此时，你可能会发现孩子个性强的行为正在发生改变。尤其是，你可能会发现，现在与孩子相处更愉快，你与他之间的许多互动与以前相比也更轻松了。如果是这样，说明你与孩子之间的关系正在向好的方面发展。

前三周的重点在于，通过改变你的关注点促进你个性强的孩子行为的转变。通过对孩子持续积极的关注，特别是对他恰当行为的积极关注，在你命令他时，他会更听话，更愿意配合。有了那些技巧的铺垫，你现在可以直接发出指令，但是，必须注意技巧。

指令清晰明确

在与一些个性强的孩子的父母交流时，我们发现，有些父母往往发出一些让孩子难以服从的指令。我们把这些指令称为无效指令。父母可能一次性发出太多指令，或指令模糊，又或者是在分散孩子的精力，影响他们服从指令。这样孩子根本没有机会服从指令，父母因此会很受挫，然后对孩子发火。为避免这种问题的发生，你必须发出明确而简单的指令，我们称之为有效指令。

怎样识别指令是否有效？请将它们与你不想对孩子发出的那些指令进行对比，比如连锁指令、模糊指令、发问式指令、"让我们来"式指令和解释式指令等，详见表9-1。这些指令很难让孩子听从，也与你的初衷相悖。

表9-1　无效指令

指令类型	定义	可能出现的结果
连锁指令	涉及多个流程的指令	孩子可能会记不住你让他做的所有事情。所以，他不会服从这种指令
模糊指令	指令不清晰，孩子可能会误解你的意思	孩子可能无法正确理解和服从指令
发问式指令	以提问式发出指令，这就给了孩子说"不"的选择	主动给让孩子对你说"不"的机会
"让我们来"式指令	在发出指令时将父母也纳入任务中，而父母本意是要求孩子单独完成	孩子感觉上当了，不愿意服从
解释式指令	在发出指令后父母对任务原因做出解释	说完任务再解释原因会分散孩子服从指令的注意力。如果要解释原因，在发出指令前简短地解释一下即可

连锁指令

如果你对孩子说"穿好衣服，刷好牙，梳好头发，下楼吃早餐"，你实际上是在让孩子做 4 件不同的事情。这是典型的连锁指令，也就是一次性发出多个指令。连锁指令的问题是，幼儿的认知能力还不足以处理如此复杂的信息，记不住这么多指令。也就是说，就算孩子想要按照你说的去做，他可能也做不到。你设置了一个让孩子无法服从的情景，这对孩子不公平。

遇到这种情况，一个有效的办法就是分步发出这些指令。比如，先让你的孩子刷牙。当他刷好牙后，表扬他，然后再叫他梳头发。他梳好头后，用你的奖励技巧让他知道你很赏识他听话。这样逐个地发出指令，就增加了孩子服从指令的机会。

模糊指令

模糊指令不清晰，不具体，孩子很难理解。比如，"要乖""表现好点""拿出应有的表现"等都是模糊指令。这种指令的问题在于，你的孩子可能根本不明白你到底要他做什么。你的真正意图和他理解的你的意图完全不同。

请直接告诉孩子你想要他做的事情。与其说"好好玩"或"你们一起玩时要乖"，不如说"和你弟弟一起分享玩具"。你说得越具体，孩子越可能服从。

发问式指令

用发问式指令来问孩子是否想做某件事，不如直接要求他去做。比如，

"你现在把自己的房间打扫一下，好吗？"这不是一个明确的指令，因为它制造了一个问题，孩子可能并极有可能会立刻说"不"。如果你的本意是要给孩子命令，让他服从，就不要用发问式表达，不要给他机会拒绝。当孩子对发问式指令说"不"时，很多父母都会为孩子的违抗而感到受挫。但是，父母才真正应该为孩子的拒绝负责。

不要随意使用发问式指令，在命令前，认真想一想你是否真的想给孩子选择的机会。比如，如果你真的想让孩子选择是现在还是稍晚一些打扫房间，就可以说："你现在把自己的房间打扫一下，好吗？"但其实大多数父母的本意并非如此。所以，除非你是真的想让孩子自己有所选择，否则，请避免使用这种指令。

不过，经常给孩子一些选择，让他们学会自己决策也很重要。比如，在幼儿时期，应当给孩子机会，让他自己决定睡前想读的书、想穿的衣服和想吃的小零食等。但是，也要对其选择有所限制，以免他们出现选择困难。对幼儿而言，不要这样问："你今天想穿什么？"可以这样问："你今天想要穿红色还是蓝色衬衣？"可以给孩子选择，但是要注意，不要把问题和指令混为一谈。

"让我们来"式指令

"让我们来"式指令是指在发出指令时将父母也纳入指令中。比如，"现在让我们来收拾你的积木吧"。如果你打算帮孩子一起收拾积木，这样的指令当然没问题。但是，如果你的意思是让孩子独自收拾积木，这样的指令就不合适，会误导孩子。如果你没有一起收拾，孩子可能会感觉上当，这会增加他不服从指令的可能性。

如果你的意思是让孩子独自完成一项任务，要清楚地表达这一点。你可以说："现在把你的积木收拾起来。"这样说，就明确地表示你不会帮助他收拾。

解释式指令

最后一种无效指令是解释式指令。比如，"把你的玩具收拾起来，因为奶奶要来，你知道她喜欢整洁的房间"。这种指令的问题在于，孩子听完后，可能会被后面所解释的原因分散了注意力，忘记了前面的指令。记住，幼儿的认知能力还不完善，不能像成年人一样记住那么多的信息。在发出指令后接着解释原因会分散孩子的注意力，从而导致他忘记你最初要求他做的事情。他还可能对你的解释提出质疑，更加不愿服从。

不过，解释原因当然没错，只不过要放在发出指令前。还是回到之前的那个例子，父母可以改变一下指令和原因的顺序："奶奶要来，她喜欢整洁的房间，所以，现在把你的玩具收拾起来。"这样，你所说的和孩子所听到的最后一件事都是指令，他就更可能会服从。

利用下页的专栏来检测你是否能够辨别不同类型的指令，在有效指令前的方框中打钩。如果你认为这个指令是无效指令，在旁边注明它是连锁指令、模糊指令、发问式指令、"让我们来"式指令还是解释式指令。然后，对照问卷后面的答案，看你判断得是否正确。如果你能正确判断9个以上的指令，说明你已经很好地掌握了下达有效指令的方法。

判断有效和无效指令

在有效指令前的方框中打钩并说明每一个无效指令的类型。

☐ 1. "约翰尼，把红色积木递给我。"

☐ 2. "你为何不现在穿上外套呢？"

☐ 3. "认真点。"

☐ 4. "坐在我身边。"

☐ 5. "把红色积木放在这边，然后把绿色积木放在那边。"

☐ 6. "约翰尼，我们一起玩的时候你真的要乖点。"

☐ 7. "我想要你建造一座高塔，把红色积木搭到蓝色积木上吧。"

☐ 8. "把红色积木搭到蓝色积木上，因为我想要你建造一座高塔。"

☐ 9. "你现在上床睡觉，好吗？"

☐ 10. "整理好，穿上外套，到外面去。"

☐ 11. "让我们收拾好所有的玩具。"

答案：1、4和7是有效指令。2、3、5、6、8、9、10和11是无效指令，其中2和9是发问式指令，3和6是模糊指令，5和10是连锁指令，8是解释式指令，11是"让我们来"式指令。

应当注意，除了解释原因，指令后紧跟的其他类型的表述也会导致孩子不服从指令。关键就是要把指令放在最后说，这有助于让孩子将重点放在指令上。

史密斯家和琼斯家

我们再次来到史密斯家和琼斯家，看看他们在发出指令方面有什么发现。在学习发出有效指令时，他们遇到过许多挑战，同时也享受过成功的喜悦。

史密斯家

上次拜访史密斯家，芭芭拉和约翰与蒂姆的日常相处已经发生了很大变化。现在，他们每天都有固定的时间一起玩耍，全天都只注重孩子的正面行为，对发脾气和要求关注等不当行为选择无视。不过，收拾玩具、洗澡等日常活动仍需要史密斯夫妇发出指令。虽然蒂姆与爸爸妈妈的关系都有所改善，而且他比以前更听话，但是，服从指令仍然是个问题。

对于史密斯夫妇来说，一次只发出一个简单指令的观点是有道理的。但是，芭芭拉和约翰发现，他们必须相互提醒才能避免发出连锁指令和模糊指令。约翰后来说："很难想象直接给蒂姆发出指令。一直以来，我都十分害怕直接让他做某件事情，因为我知道他可能会不听，然后我就会生气，最后总是不欢而散。"

芭芭拉和约翰开始重视向蒂姆发出指令的方式。他们事先考虑好哪些指令是蒂姆必须服从的，只用最简单直接的方法发出这些指令。他们还会给蒂姆提前预告下一个指令（比如，"5分钟后我们将要开始收拾整理"），只要他表现出听从指令的迹象，就立刻给予表扬。与其他技巧一样，芭芭拉和约翰开始只注意在单个情景中发出指令的方式，比如下午收拾玩具的情景，接着是洗澡时的情景。运用有效指令，在蒂姆听话时及时给予表扬，每次只解决一个问题，一切开始变得简单起来。

琼斯家

我们上次拜访琼斯家时，帕特里夏正在练习奖励丽莎的正面行为并无视她的不当行为。尽管帕特里夏与丽莎相处的积极时光的确有所增加，但是，想要让丽莎马上去做某件事情，还是有点困难。

帕特里夏发现，简单直接发出指令的做法十分有效。在发出指令时，她必须关注丽莎，认真思考该怎样组织指令语言。当她这样做时，丽莎的反应似乎更积极。帕特里夏发现，让丽莎事先有点心理准备（比如，"5分钟后，我们将要出发去上学，你得穿上外套"）能够避免出现对抗。另外，她发现她给丽莎发出的许多指令其实并不重要，只是希望丽莎偶尔能够听从。她开始在发出指令前认真思考发出的每一个指令是否都是丽莎必须做的。对于那些必须让丽莎去做的重要事情，她会认真思考如何才能简单地发出指令。帕特里夏常常感到时间紧迫，但她必须努力给丽莎时间，让她慢慢开始听从指令。不过，有一件事倒真是毫不费力，那就是在丽莎听话时给她奖励，这对帕特里夏来说简直易如反掌！

一方面尽量发出简单直接的有效指令，另一方面在丽莎听话时及时给予奖励，通过这种双管齐下的办法，帕特里夏发现丽莎在各种情况下都明显变得更加听话了。但是，千万不要想当然地以为丽莎任何时候都很听话。

发出指令的原则

避免 5 种无效指令，和史密斯家及琼斯家一样，你也会让你个性强的孩子变得越来越听话。有效指令会消除孩子的困惑，从而增加他听从指令的可能性。那么，你该如何发出有效指令？以下是一些关键流程：

- 在发出指令前先想好，确保你愿意想尽办法让孩子听从你的指令，不管付出多少时间、精力和努力。
- 走到孩子身边，引起孩子注意，用眼神交流，发出指令前喊出孩子的名字。
- 用坚定但不生硬的语气发出指令，不要大声喊。
- 发出的指令要简单具体。
- 适当的时候使用肢体语言（比如指向放玩具的地方）。
- 用"要做"的指令而不是"不要做"的指令。
- 发出指令后安静地等待 5 秒。
- 孩子听话时给予表扬。

只对孩子发出那些你想要全程跟进、确保孩子听从的指令。如果孩子不听从指令而你又不采取任何行动，结果会怎样？他会知道你所说的并不是认真的，他会更加不听话。所以，你不但要全程跟进，还要让他明白不听话的后果。不过，这是你在第 5 周将要学习的内容。本周只需关注如何发出有效指令。

首先，在发出指令前你要确保引起孩子注意。确保引起孩子注意的方法包括走到孩子身边、和他进行眼神交流、发出指令前喊他的名字等。比如你可以说："约翰尼，看着我，我有话和你说。"

发出指令时语气要坚定，但不要大声或生硬。你可以对着配偶、镜子或录音机练习使用坚定的语气。你的声音可能会出乎自己的意料。许多父母听起来像是求着孩子听他们的话，而另外有一些父母则咬牙切齿，像军队里的长官一样。这些都不是我们提倡使用的坚定语气。

使用简单具体的指令。如果可能，可以加上手势指向等动作。比如，如果你让孩子去洗脸，可以用手指向卫生间。

尽可能使用正面的指令（"做这个"），不要使用负面指令（"别做这个"）。比如，当你和孩子一起购物时，你可以说"待在我身边"，不要说"别跑到我前面去"。使用正面指令可以建立更好的亲子关系和学习环境，在孩子服从指令后你也更容易表扬他。

请给孩子 5 秒钟的时间让他开始服从指令：心里默数 5 个数，让孩子有机会开始服从。

孩子一旦开始服从指令，请立刻使用在第 1 周和第 2 周所学的关注和奖励技巧。孩子一开始服从指令，你就可以马上对他的听话表现给予表扬。这样能够让孩子知道哪些行为是你想更经常见到的。

这些原则如何与关注技巧相结合呢？当开始努力关注时，你会减少命令孩子或向孩子提问的次数。你这样做时可能已经意识到自己主要是用命令或提问的方式和孩子讲话。但有些情况下确实需要命令，所以我们现在要注意确保所发出的每一项指令都是有效的。总之，可以偶尔命令孩子或向孩子提问，但不要像我们平常那样频繁地命令和提问，确实需要让孩子做某件事情时，应该发出让他能够服从的有效指令，并且要想方设法努力使他服从。

学习发出有效指令

　　我们的研究发现，父母发现有效指令不仅有用，而且易于掌握。但是，学习发出有效指令同样也需要时间。

　　5 周教养方案的前面 3 周时间我们每天都安排两个 10 分钟的时段来练习关注、奖励和无视等技巧。到了这一周你有两种选择，要么选择其中一个 10 分钟练习发出有效指令，要么另外增加一个 10 分钟。重要的是，你必须保留至少一个 10 分钟时段练习关注、奖励和无视。

　　在发出指令时段，请告诉你的孩子，在这段时间里，你希望他能按照你说的去做。你可以说："有时候我们按照你的想法来玩。但是现在，我想按照我的想法来玩。我要练习指挥你做事。"孩子会从中学到，有时他可以做主，有时你也可以做主。一旦明确了这一点，你就可以开始练习给孩子发出清晰而简单的指令。如果你想要参考如何发出指令，可以翻回第 5 章去看看服从性测试。

　　像第 1 周至第 3 周一样，请在练习时段进行录音或者让其他人帮你观察记录。无论采取哪种方式，都请在下页的专栏中记录有效指令和无效指令的次数。你的目标是在 10 分钟的时段里至少发出 20 个指令，其中 3/4 应为有效指令。

　　在每天的发出指令时段，请对孩子听从指令给予表扬。如果他不服从指令，安静 5 秒，不理他，然后接着发出下一个指令。如前所述，下周我们才要学习如何让孩子明白不听话的后果，现在无视孩子不听从指令的行为就好，因为本时段的目的是让你练习发出有效指令并对孩子听话的行为给予表扬。

第三天和第四天继续相同的练习时段，并选出一项你通常需要给孩子发出指令的日常活动情景，可以是早晨上学前穿衣服或是晚上洗澡、就寝等活动。不管选择哪项活动，请练习用坚定的语气发出简单清晰的指令，给孩子时间反应。如果他服从指令就及时给予表扬。如果他不听话，就按你通常采用的方法去做。

第五天，选出另一个需要给孩子发出指令的情景，并开始注意在这种情景中该如何发出指令。这样有助于你将在本时段所学的技巧融入日常活动之中。正如我们反复强调的那样，要改变你的行为和孩子的行为，必须把你在练习时段所做的融入你与孩子的生活日常。发出有效指令是促进行为转变的一种好办法。

指令记录

记录你每天在练习时段发出每种类型指令的次数。

	天数						
	1	2	3	4	5	6	7
有效指令	–	–	–	–	–	–	–
连锁指令	–	–	–	–	–	–	–
模糊指令	–	–	–	–	–	–	–
发问式指令	–	–	–	–	–	–	–
"让我们来"式指令	–	–	–	–	–	–	–
解释式指令	–	–	–	–	–	–	–
无效指令总计	–	–	–	–	–	–	–

下面的"练一练"专栏中归纳了你第 4 周的任务。当你完成了这些流程以后，就可以进入本方案的最后一周啦。

练一练

第 4 周每天任务：发出指令

任务	天数						
	1	2	3	4	5	6	7
1. 至少一个 10 分钟时段练习关注、奖励和无视。	☐	☐	☐	☐	☐	☐	☐
2. 一个 10 分钟时段练习发出指令。	☐	☐	☐	☐	☐	☐	☐
3. 选出第一个需要发出指令的日常情景开始练习。		☐	☐	☐	☐	☐	☐
4. 选出第二个需要发出指令的日常情景开始练习。					☐	☐	☐

第 10 章
第 5 周：计时隔离

到目前为止，你已经与孩子建立了比较良好的亲子关系，孩子也比以前更加听话，一方面是因为你们之间的亲子关系得到了改善，另一方面是因为你学会了发出有效指令并在他听话时及时给予表扬。但是，孩子有些时候仍然会不听话。本周你将再学习一种技巧，来应对孩子不服从指令的情况，我们先来看看对这种行为保持一致性回应的重要性。

父母对孩子不服从指令的一致性回应

在第 9 章中我们已经提到过，如果孩子不服从指令，你就必须做出回应，让他知道后果。也就是说，孩子必须知道，就像他服从指令能够得到好结果（表扬）一样，如果他不服从指令，也要承担后果。每次孩子不服从指令，你都要让他承担同样的后果。你坚持这样做，他很快就会知道，对他这种不服从指令的行为，你是不会无视，也不会让步的，他也就没有理由继续不服从指令去试探你的底线了。

很多父母对孩子不服从指令的行为总是采取不一致的回应。比如，某天孩子拒绝洗澡，你可能会回应说："好吧，既然你愿意，那你就脏着吧。"而另一天遇到同样的情况，你可能会回应说："你现在就必须去洗澡，我是认真的！"回应的不一致性会加剧孩子的不服从，因为他不知道你到底会怎么做。孩子可能是想试探你的底线，看你在不同情况下会怎样回应。相反，对孩子的不服从使用一致的惩罚，会减少他试探你的底线的行为，也会减少其他不服从指令的行为。

以我们的经验来看，对个性强的孩子不服从指令等问题，大多数父母都尝试过无视、讲道理、威胁和打屁股等多种不同回应。他们不能保持一致性回应，总是不断变换着回应方式。这种不一致的回应不仅会让孩子无所适从，而且每一种不同回应还会造成新的问题。你可以无视孩子哭喊或发脾气等要求关注的行为，但是，对孩子不服从指令或其他具有攻击性和危险性的行为则不能无视。如果你无视这些行为，孩子会更加频繁地这样做，因为他们达到了自己的目的，这种行为会因此被强化。比如，如果你无视孩子不服从指令的行为，他就会知道他可以不按照你说的去做。结果不服从指令给他带来了好处，他当然会更频繁地不服从。同样，也不能无视孩子打人的行为，这种行为不只是危险，如果你无视，他伤害别人的目的就得逞，他以后就会更加频繁地伤害别人。

讲道理是大多数父母都喜欢做的。毕竟，大家都认为，如果你能给孩子解释清楚他为什么应该服从指令，他又怎能不服从呢？但是，讲道理很少能够说服个性强的孩子。事实上，其效果适得其反：它让你的孩子通过不服从指令得到了你全心的关注。以不切实际的后果相威胁（"如果你不按照我说的去做，你这辈子都别想再看电视！"）也无济于事，因为你的孩子知道你不会落实（尽管有时你可能真想落实）。打屁股只能发泄父母心中的怒气，改

115

善不了孩子的行为。事实上，越来越多的研究数据显示，打屁股会对孩子产生长期的负面影响。同时，打屁股会让父母和孩子都难以冷静，而且还会让孩子觉得身体攻击是解决问题的一种办法。这是你所不希望的。那么，面对孩子不服从指令时该怎样做呢？

我们一贯建议对孩子不服从指令的行为采取计时隔离的办法。研究表明，这是一种养育个性强的孩子的重要办法。计时隔离是指将你的孩子放在一个单调乏味的地方，让他独自待上几分钟。大多数惩罚方式都是要给孩子制造一点痛苦，实际上，这也是一种关注，而计时隔离是让孩子完全没有被关注的机会。也就是说，不同于一般的惩罚，计时隔离只是免除积极结果，同大多数惩罚手段一样有效，但没有负面影响。通过前面几周的练习，现在，你的关注对孩子而言十分重要。因此，通过计时隔离免除对孩子的关注，会达到很好的惩罚效果。

有效的计时隔离

像我们所接触的许多父母一样，你可能听说过计时隔离，甚至可能已经尝试过对孩子使用计时隔离法，并得出了"不奏效"的结论。但是，当我们教会父母正确使用此方法时，他们孩子的行为确实发生了转变，他们也意识到这种方法确实有效。如果按照我们本章的建议去做，你也会认识到计时隔离是有效的。研究表明，本章介绍的这些流程是实施计时隔离的最有效方法，请务必严格按照我们的建议去实施，细微的改动都会大大降低计时隔离的效果。另外，我们的研究表明，在刚刚学完 5 周教养方案时，父母们发现计时隔离相对比较难学，其效果也一般。不过，两个月过后，父母反映，计时隔离变得特别简单易行，而且对改变他们孩子的个性强的行为效果更好。这就意味着，你必须认真学习计时隔离流程，并不断运用这种方法。计时隔离方法有效果，但需要时间，也需要不断运用。

首先，请在家里选定一个实施计时隔离的地点。在选定这个地点时，你必须考虑很多因素。这个地点应当远离包括玩具、人、窗户、电视、收音机等在内的孩子感兴趣的所有东西。记住，实施计时隔离，意味着你的孩子不能接收到来自你或他人甚至任何事物的积极关注。其次，隔离地点附近不应有任何可能被打碎的东西。在你要使用计时隔离法的时候，为什么要把孩子放在一盏珍贵的台灯旁边让他去闯祸呢？表 10-1 总结了适合和不适合计时隔离的地点。

计时隔离的一个理想地点是走廊的尽头。这里一般远离人群和其他有趣的活动（比如看电视）。如果你选择走廊尽头作为计时隔离地点，建议你在那里放置一张成人椅。放置这张成人椅有几个好处：首先，它能提醒你的孩子这是计时隔离区，还能帮助你明确地告诉孩子，计时隔离期间他应该待在哪里（就是在那张椅子上）。另外，坐在成人椅上孩子脚沾不到地面，这样，在隔离期间，他就不太可能站起来。注意不要把椅子摆得太靠近墙，否则，你的孩子可能会不停地踢墙，甚至会把墙踢出坑。

卧室也是一个不错的选择。不过，孩子的卧室里可能有太多好玩的东西。如果有，而你又不得不利用孩子的卧室作为计时隔离地点，那就必须把所有的玩具都从他的房间搬走。你自己的卧室或许是一个更加理想的地点，因为你卧室里让孩子感兴趣的东西会少一些。请确保房间里没有易碎物品。

对于两三岁的孩子来说，厨房一角或许也是不错的选择。在孩子进行计时隔离期间，你可以让他待在你的视线内。但是，确保不要和他有任何交流，包括目光、口头或肢体交流等。

有些父母用洗澡间作为计时隔离区。如果洗澡间里有药品、剪刀这类物品就很危险。所以，我们不建议以洗澡间作为计时隔离区。

无论你选择哪个地点，都不要把关灯作为计时隔离的组成部分，因为这样只会让孩子感到害怕。出于同样的原因，绝不能用壁橱或狭小的封闭空间作为计时隔离地点。计时隔离的目的是要把注意力暂时从孩子身上移开，而不是要吓唬他。

表 10-1　选择计时隔离地点

最佳选择	次佳选择	不建议选择
• 走廊尽头	• 孩子卧室	• 洗澡间
• 父母的卧室		• 壁橱
• 厨房角落（两三岁孩子适用）		• 黑屋子

计时隔离流程

用计时隔离来惩罚孩子不服从指令时，你需要严格按照流程进行。具体流程见下页的专栏。在孩子身上实施这些流程前，你应该向孩子说明他服从指令和不服从指令的后果。你应该和他一起将所有流程都过一遍，从发出"假装指令"到他不服从指令，再到实施计时隔离，然后再次发出"假装指令"。记住，熟能生巧！你也可以把计时隔离流程的每一步都过一遍，问孩子："下一步会发生什么？"在运用计时隔离时，孩子对流程越熟悉，就会越配合，而真正需要使用计时隔离的次数就越少。

你发出简单而清晰的指令后，等 5 秒钟让孩子开始服从。如果他果真服从指令，表扬他。如果他不服从指令，警告他："如果你不……，就要去计时隔离。"以严肃的语气发出这个警告，不要生气，也不要大吼大叫。再等 5 秒钟。如果孩子开始服从指令，表扬他。如果他还是不服从指令，牵着他的手告诉他说："因为你不……，你必须得计时隔离。"用平静而坚定的语气，只说一次。不要说教，不要责备，不要与孩子争辩，不接受任何解释。牵着孩子的手直接把他带到计时隔离区。在带他去计时隔离区的椅子上时不要和他讲话。不要理睬他的叫喊、反抗或是保证以后听话的承诺。

不服从指令的计时隔离流程

1. 发出有效指令。

2. 如果你的孩子在 5 秒钟之内没有服从指令，警告他："如果你不……，就要去计时隔离。"

3. 如果你的孩子在 5 秒钟之内还不服从指令，告诉他："因为你不……，你必须得计时隔离。"

4. 把孩子带到计时隔离区，不要说教，不要责备，不要争辩。

5. 不要理睬他的叫喊、反抗或是保证听话的承诺。

6. 让他坐在计时隔离区的椅子上。

7. 等他安静地坐在椅子上时，设置好计时器，开始3分钟计时。

8. 计时的最后15秒他必须保持安静。计时结束时走到椅子前告诉他计时结束。

9. 再次发出之前的指令。

10. 如果他还不服从指令，重复一遍计时隔离流程。

当你告诉孩子他必须去计时隔离时，他可能会有两种反应。一种是他可能立刻愿意服从指令。如果是这样，你也不要让步，请继续实施计时隔离。这样做很难，因为毕竟他最后还是服从指令了。如果你选择让步，想想他能从中学会什么："妈妈发出指令和警告，我都不必服从，等到她准备带着我去计时隔离时再服从就好。"显然，这并不是你的目标。另一种是当你拉着孩子去计时隔离区的椅子上时，他可能会反抗。这时你有几个选择。第一种做法，你可以站到他身后，让他背对着你，把手放在他的腋窝下，举起他，放到计时隔离区的椅子上，你站在椅子后面。第二种做法，对一个五六岁的孩子，你可以告诉他，如果反抗就会失去某项特权（详见本章后面"解决计时隔离问题"部分）。第三种做法，你可以告诉他，你会再延长3分钟的计时隔离时间（时间总计为6分钟而不是3分钟）。然后，再次带着他去计时隔离区，并把计时器调整到6分钟。如果你仍然不能将他带到计时隔离区的椅子上，不要再继续延长隔离时间，可以尝试一下第一种或第二种做法（前提是你的孩子是5～6岁）。当你和孩子来到计时隔离区时，让他坐下。等他安静下来，你可以设置计时器，告诉他，在计时器响之前他都必须坐在椅子上。计时器不是必需的，不过，它可以给孩子一个时间提示。计时器要放置在孩子可以看得到但却摸不到的地方，设置为 3 分钟（除非你延时到 6 分钟）。

计时隔离的时间长短一定程度上取决于孩子在隔离的最后一段时间是否安静。第一次使用计时隔离时，要求孩子在隔离时段的最后 15 秒保持安静。如果他在隔离时段的最后 15 秒尖叫或踢墙，在隔离时间结束后，仍然让他继续隔离，直到他至少保持 15 秒安静才让他离开计时隔离区。使用了计时隔离几周后，你可以改变要求，确保孩子在隔离时段的后期保持安静。你可以不断延长这段必须保持安静的时间。这样，你的孩子就会意识到在计时隔离期间表现良好的重要性：要离开隔离区必须好好表现，直到安静下来才能结束计时隔离。

计时隔离时间到，走到椅子前，告诉孩子他可以站起来。因为他不服从指令，所以被计时隔离。回到之前他不服从指令的情景，再次发出同样的指令。你必须这样做，否则，孩子就会知道，只要他去计时隔离就可以不服从你的指令。如果你的孩子因为拒绝收拾玩具而被计时隔离，而你在孩子计时隔离期间收拾好玩具，这样一来，孩子就知道，他可以通过计时隔离逃避收拾玩具。事实上，他一结束计时隔离，你就应该再次向他发出之前的指令，如果他还是不服从，就重复一遍计时隔离流程。

图 10-1 的流程图显示了发出指令后的不同路径和结果，在应用中你可根据孩子是否服从指令选择不同的路径。记住，在计时隔离结束后你必须重新发出之前的指令。理论上，如果你的孩子总是不服从指令，那么你就可以不断重复这个流程。我们建议你不断使用这个流程，直到孩子服从指令或年满 18 岁。不过说真的，你必须坚持，直到他服从指令为止，这样他就会明白你的决心。他一旦服从指令，就请马上表扬他。

服从指令 ——→ 表扬

发出指令

不服从指令 ——→ 警告 ——→ 服从指令 ——→ 表扬

不服从指令 ——→ 计时隔离

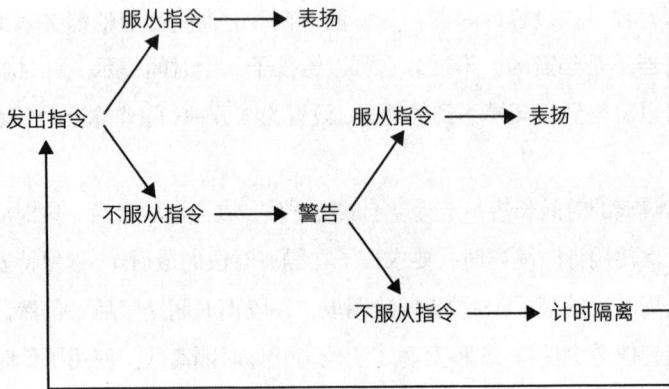

图 10–1　服从和不服从指令的后果

有些父母想花时间和孩子讨论为什么要用计时隔离，其中一些是为了表达他们对孩子的爱，想向孩子说明之所以用计时隔离也是不得已，他们自己也感觉很难过。另一些父母想和孩子讨论，目的是想让孩子认识到自己的错误，向父母道歉。这两种做法都不可取，毫无益处。可以在计时隔离结束后简单地说："因为你没按照妈妈说的去做，所以必须计时隔离。"不需要说更多。

解决计时隔离问题

在使用计时隔离过程中你可能会遇到一些问题。最常见的一个问题就是你让孩子去计时隔离椅子上坐着的时候，他可能不愿意，想要离开。这时你有几个选择。第一，如果起初他拒绝坐在椅子上，你可以告诉他，计时隔离时段必须等他坐好才开始计时。第二，针对他不好好坐在椅子上的问题你会延长 3 分钟隔离时间（让他在计时隔离区共待 6 分钟）。像解决拒绝到计时隔离区的问题一样，孩子每次离开椅子后重新回去坐好时，再次把计时器设置为 6 分钟。第三，你可以重新把他放到椅子上，告诉他："坐在椅子上。"并把手放在他的腿上鼓励他坐好。第四，对 5 岁以上的孩子，你可以告诉他，如果他不回到计时隔离区的椅子上，就会失去某种特权。比如，你可以平静地说："如果你再起来，今天就不能骑自行车了。"记住一定要说到做到。这种方法对于 5 岁以下的孩子不适用，因为他们还没有办法把眼下的事和之后享受的某种特权联系起来。

另一个常见的问题就是你的孩子在计时隔离期间可能会说话来吸引你的关注，有些话听起来可能会很刺耳。下面是父母常常会听到的一些话，而你只要无视就好。

- "我要上厕所。"
- "我再也不爱你了。"
- "我要逃走。"
- "我恨你。"
- "我宁愿在这里计时隔离也不愿意和你在一起。"
- "你又丑又小气。"
- "我真希望去死。"
- "我要报警。"
- "我希望你不是我妈妈。"
- "我希望你不是我爸爸。"

有些父母反映，孩子坐在椅子上时，会用脚探地，慢慢把椅子蹭出计时隔离区。这也是我们为什么建议在计时隔离区使用成人椅的原因之一。使用成人椅，孩子的脚就接触不到地面，要想把椅子移出计时隔离区，他就必须从椅子上下来。这时，你就可以按照前面我们所提出的针对离开椅子的4种方法之一来解决。

有时计时隔离时间到，孩子会拒绝离开计时隔离区。这时，你需要控制局面，告诉他，你将要对他再次进行计时隔离，毕竟拒绝离开计时隔离区也是一种不服从指令的表现。只要孩子拒绝离开一次，就执行一次计时隔离，直至他同意离开计时隔离区，服从你最初发出的指令。最终他还是会同意的。

表 10-2 总结了包括上述问题在内的一些计时隔离问题及其解决办法。进行计时隔离是复杂的，在对孩子实施这种流程之前，你需要练习，然后与孩子一起完整地走一遍流程。在本章末尾，我们将详细介绍如何学习、练习和使用计时隔离。

表 10-2　计时隔离问题及其解决办法

问题	解决办法
拒绝坐在椅子上 离开或移动椅子	· 直到他坐好才开始计时 · 停止计时器，直到孩子坐好重新开始计时 · 计时隔离延时 3 分钟，将计时器重新设置为 6 分钟 · 把孩子放到椅子上，告诉他坐好，把你的手放在他腿上 · 如果孩子不回到椅子上，就取消他的某项特权（适用于 5 岁以上的孩子）
用语言攻击你 叫喊哭闹	· 无视这些语言攻击 · 无视叫喊哭闹
拒绝离开计时隔离区	· 重新开始计时隔离
在孩子计时隔离期间，他的兄弟姐妹去和他交流	· 把他的兄弟姐妹放到另一个计时隔离区隔离

使用计时隔离解决其他问题

计时隔离不仅可以用来解决孩子不服从指令的问题，还可以用来解决其他你不能无视的行为问题。当你的孩子做下列事情时，你需要使用计时隔离。

- 殴打父母、兄弟姐妹或玩伴。
- 跑到街上。
- 在家具上蹦跳。
- 咬别的孩子。
- 破坏家里的物品或其他孩子的玩具。
- 骂人。
- 和父母或其他成年人顶嘴。
- 踢、打、掐别人或抓别人的头发。
- 扔不该扔的东西。

解决这些行为最有效的办法就是计时隔离。

提前告知孩子哪些行为会直接导致计时隔离，为这些行为制定一份不超过三条条款的家规，把这份家规张贴在冰箱或其他孩子能够看见的地方。对于还不识字的孩子，用图片的形式来呈现这份家规。把家规读给孩子听，并温习违规后的计时隔离流程。给他看计时隔离椅。带着他过一遍违规后的流程。让他复述一遍家规中列出的几种行为以及违规后的流程，确保他完全理解。事先告知孩子哪些行为你可以接受，哪些行为你不能接受，一旦违反家规将会有怎样的后果等，这样对他比较公平。另外，每天都要提醒他记住家规。

在施行家规的流程方面有些需要注意的地方。第一，告诉孩子不要有违反家规的任何行为，只说一遍。告诉他一旦他有违规行为，马上就要去计时隔离。第二，在此期间你不要给他发出任何指令。制定一份家规，是以此来表述你的期望。因此，如果孩子违反任何一条家规，不要警告，直接使用计时隔离。

因为违规而被计时隔离后，你要对孩子说："因为你违反了家规，所以必须计时隔离。知道你违反了哪条规定吗？"如果他回答正确，你就说："对，下次不要再……了。"如果他回答不对或不回答，简短地告诉他违反了哪条规定。接着，马上让他去做一件事（比如帮你完成某件事），以便可以表扬他。

解释家规

下面是一位妈妈向她 4 岁的孩子解释家规的情形：

"约翰尼，我们把电视关了，来谈几分钟。你知道，有时你满屋乱跑，这让我感到很头痛。我想，有一种办法可以帮助你表现得更好，也能让我们的关系变得更融洽，那就是定几条家规。

"家规就是你一直都要遵守的规矩。如果你不遵守家规，马上就要去计时隔离。我会告诉你做错了什么，然后牵着你的手到计时隔离区，让你在那里坐 3 分钟。我们来练习一下违反家规后去计时隔离区的流程吧。（他们走了一遍流程。）

"现在，看到这张纸了吗？这张纸上写着'家规'。我会在上面写下三条规矩，并画上图画，让你知道哪些事你能做，哪些事你不能做。

- 不要在家具上蹦跳。
- 不要打妹妹。
- 不要在屋里奔跑。

"每次你在家具上蹦跳、打妹妹或在屋里奔跑时会怎样？对，你马上就要去计时隔离。告诉我这些规矩是什么。（她等着孩子的回答。）

"现在，我要把这张家规贴在冰箱上。每天早上我都会提醒你这些家规。

"好，既然我们已经定完了这些家规，那我们到外面去玩球吧。"

根据孩子的年龄以及家庭的具体情况来修改家规。

计时隔离的方法也同样适用于孩子出门在外发生的不服从指令或其他问题行为。不过，只有在家成功使用过计时隔离的方法之后，才能在公共场所使用。在外使用计时隔离与在家使用这种技巧的主要不同在于，你需要确定一个合适的地点。如果你正在购物，可以利用商店一角或者是你的车后座作为计时隔离地点。比如，如果孩子东抓西抓，你可以警告他："如果你不把手放在购物车里，我就要送你回车里去计时隔离。"如果孩子不

127

听，请牵着他的手离开商店，把他放在车后座上，关好车门，你自己背对着车，站在车门外。计时隔离时间到，打开车门，再把他带回到商店里。如果他表现乖，就马上表扬他。利用你的车作为计时隔离地点时，你要确保随身带着车钥匙，不要把孩子单独留在那里，还要确保车内的温度对孩子适宜。

史密斯家和琼斯家

使用计时隔离帮助史密斯和琼斯这两个家庭有效改变了孩子不服从指令的情况及其他问题行为。我们来看看具体是怎么发生的。

史密斯家

我们上次拜访史密斯家时，蒂姆与爸爸和妈妈之间的关系都在不断改善。而且，在他的父母发出简单直接的指令时，他比以前更服从了。不过蒂姆有时候口头上答应（比如，"我等会儿就去收拾玩具"）却不见行动，有时他还会拒绝（比如，"不，我不想收拾玩具"），有时甚至还会发脾气。因此，他的父母约翰和芭芭拉都很愿意使用计时隔离。

以前，针对蒂姆不服从指令的问题，约翰和芭芭拉总是会采取一系列措施，比如，恳求、威胁、吼叫等，有时甚至会打他屁股。但是，最后他们发现，这些措施根本没有效果。方法换了一种又一种，他们总想找出一种"与过错相适应的惩罚"，但都未见成效。而且，每次吼叫、威胁或打骂完孩子，芭芭拉和约翰都感觉很内疚。所以，他们都很期待用计时隔离的办法来处理蒂姆不服从指令及其他不能无视的行为。

但蒂姆并不是个容易屈服的孩子，当他的父母开始使用计时隔离时，他便千方百计与之对抗。他在未实际离开计时隔离椅的情况下把椅子拖得满屋移动；计时隔离时间到，他却不肯离开计时隔离区；在计时隔离期间声称他要尿裤子了；在计时隔离期间大声叫喊"我恨妈妈"。而史密斯夫妇同样也是解决问题的高手。每次蒂姆耍诡计想要中断计时隔离时，约翰和芭芭拉就迅速讨论该如何应对。

计时隔离慢慢地变成了一种简单的流程，史密斯夫妇用它来管理蒂姆偶尔出现的不服从指令的问题，在蒂姆偶尔变得不安或开始搞破坏时，也用它来让蒂姆冷静下来。事实上，在和姐姐生气时，蒂姆有时会主动要求到计时隔离区去让自己冷静。他在开始积极想办法控制自己的行为，避免闯祸。

琼斯家

我们上次拜访琼斯家时，帕特里夏已经意识到她以前给丽莎发出的很多指令都是没有必要的。帕特里夏还注意到，在她真正发出指令时，如果指令简单又有逻辑，丽莎都会服从。对帕特里夏而言，计时隔离并不新鲜。不过，她知道，她以前一直没能正确使用这个方法。她总是以为在计时隔离前后对丽莎进行说教很重要，这能确保让丽莎知道自己的行为错在哪里。帕特里夏后来解释道："我总是会花时间和丽莎一次又一次地复盘她的行为，试图让她认识到自己错在哪里，在我看来，这是合乎逻辑的。而这也恰恰就是导致之前进行的计时隔离无效的原因。附加太多说教的计时隔离似乎只是加剧了丽莎的坏行为。我没有意识到我自己一直在给她关注，而计时隔离的目的恰恰在于不让她接受任何关注。"

　　帕特里夏和丽莎一起坐下来，她给丽莎解释计时隔离流程、计时隔离的适用情景和适用行为。然后她和丽莎一起将计时隔离的流程完整地走一遍，每走一步流程都会问丽莎下一步会怎样，确保丽莎完全理解计时隔离。从那以后，她很少需要用到计时隔离，因为丽莎不再需要挑战她的底线来看自己能侥幸逃过什么惩罚了。

练习计时隔离技巧

　　下页的"练一练"专栏总结了你在第 5 周对孩子使用计时隔离技巧时每天需要完成的任务，还提供了在家及在公共场所使用计时隔离管理孩子其他问题行为的练习。在实施这些任务时，记得每天至少安排一个 10 分钟的时段进行关注、奖励和无视等技巧的练习。

练一练

第 5 周及以后任务：计时隔离

任务	天数						
	1	2	3	4	5	6	7
1. 选择计时隔离地点。	☐						
2. 熟记计时隔离步骤。	☐						
3. 不带孩子和另一个成年人一起练习计时隔离。	☐	☐	☐				
4. 告诉孩子不服从指令的计时隔离后果。			☐				
5. 开始对孩子不服从某一指令进行计时隔离。			☐	☐	☐	☐	
6. 开始对孩子不服从所有指令进行计时隔离。							☐
7. 开始对孩子在家的其他问题行为使用计时隔离（从第 7 周开始）。							
8. 开始对孩子在公共场所的问题行为使用计时隔离（从第 9 周开始）。							

第一天，选择合适的计时隔离地点，熟记计时隔离流程。本周的前三天，按照下列方法学习并练习计时隔离流程。每天至少安排 30 分钟时间。记住，计时隔离很复杂。请反复阅读本章，尤其是计时隔离流程和常见问题解决办法。和配偶或另一个成年人一起练习计时隔离，完成下列任务：

- 说出你选择哪里作为计时隔离地点，并说明理由。
- 按照本章前面所介绍的方法逐步说出计时隔离流程。
- 说出在计时隔离期间，如果遇到表 10-2 中的问题，你将如何处理。
- 与一名成年人一起将计时隔离流程走一遍，记下你所犯的错误，再走一遍流程。
- 与一名成年人一起走一遍计时隔离全流程，让他表现出将会被计时隔离时的问题行为及计时隔离过程中可能会出现的问题行为。
- 记下你在处理这些问题的过程中所犯的错误，再走一遍流程。

第三天，和孩子一起将计时隔离流程走一遍。和他完整走一遍流程，让他知道接下来都会发生什么，可以问他"下一步将会怎样"，告诉他在计时隔离时必须遵守两条重要规则：

- 坐在计时隔离椅子上，脚不能接触地面。
- 保持安静。

选择一条你经常会对孩子发出而他很少服从的指令。告诉他，每次只要他不服从这项指令就会被带去计时隔离。然后，每当他不服从这项指令时，就给他施行一次完整的计时隔离。这种操作从第三天起一直持续到第六天。

然后告诉孩子，以后在家所有不服从指令的行为都要进行计时隔离，并开始实施。

在墙上显眼的位置贴上两份东西，即计时隔离流程和一份日程表。每天阅读计时隔离流程，加深记忆。在日程表上记录你每次使用计时隔离的时间以及导致你使用计时隔离的行为。这可以帮助你了解自己使用计时隔离的频率，还可以帮你确认孩子的问题行为是否有所转变。

针对孩子不服从指令的问题使用计时隔离方法两周后，开始用这种方法来管理孩子在家时其他你不能无视的问题行为。针对这些问题制定家规，并解释给孩子听。对于不能阅读的孩子，家规要以图画形式呈现。将你制定的家规贴在墙上或者冰箱上。针对孩子在家的问题行为使用计时隔离方法两周后，开始针对孩子在外的问题行为使用该方法。

学习计时隔离流程的各项细节需要你全身心投入。事实上，为了有效运用计时隔离方法，你也必须执着一点。要想对计时隔离方法运用自如并达到理想效果需要时间，我们的研究也证实了这一点。不过，如果你对孩子足够关注，在孩子听话时及时给予奖励，你就不太需要经常用到计时隔离。注意不要又回到只关注孩子问题行为的老路上去。关注和口头奖励能够建立你想要的积极亲子关系。

Parenting the Strong-Willed Child ● ●

第 11 章
综合运用 5 种技巧

　　想要教育好一个个性强的孩子，家长需要持续不断地努力。为帮助你复习第二部分所讲的判断方法及 5 种育儿技巧，我们将其归纳整理为表 11-1。你可以利用这些技巧改善个性强的孩子的行为。

综合运用育儿新技巧

　　要改善个性强的孩子的行为问题，你要综合运用 5 周教养方案中的各项技巧。这些技巧提供了三种解决问题的途径：

- 通过关注和奖励孩子的积极行为，可以增加孩子服从指示的发生频率，从而改变个性强行为。
- 通过无视孩子的某些问题行为或对他采取计时隔离的措施，可以避免强化这些问题行为，减少孩子问题行为的发生频率，从而改变个性强行为。

- 个性强的孩子常有违逆行为，通过改变你对孩子发出指令的方式，可以减少这种行为发生的频率。

表 11-1　判断方法及 5 种育儿技巧

判断方法	技巧 1: 关注	技巧 2: 奖励	技巧 3: 无视	技巧 4: 给予指令	技巧 5: 计时隔离
•孩子的行为需要改变吗	•说出孩子的恰当行为	•继续说出并模仿孩子的恰当行为	•确定哪些行为你可以无视	•吸引孩子的注意力，进行眼神交流	•选择计时隔离地点
•他经常表现出个性强的孩子常见的问题行为吗	•模仿孩子玩耍的行为	•口头奖励孩子的恰当行为，明确指出他的可取行为，并进行表扬	•当孩子行为不当，可以被无视时：不要有肢体交流；不要有语言交流；不要有眼神交流	•使用坚定的语气，但不要大声叫喊或抱怨	•熟记计时隔离流程
•他的行为对日常的生活有影响吗	•减少命令、提问和说教	•多加练习	•多加练习	•发出具体而简单的指令	•自己提前练习一遍
•他在服从性测试中的得分很低吗	•多加练习			•适当使用肢体动作	•告诉孩子不服从指令或有其他问题行为会被计时隔离
•我经常对他的行为感到非常沮丧吗				•奖励听话	•开始在家实施计时隔离
				•多加练习	•开始在公共场所实施计时隔离

综合运用各种育儿技巧，通过这三种途径，你就能有效地改善孩子的个

性强行为。针对任何一个问题行为，你所需要评估的是，在问题行为发生之前你在做什么，在问题行为发生之后你能更有效地做什么。在问题行为发生之后，最好的对策应该是综合运用关注和奖励等育儿技巧来促进可取行为，并辅以无视或计时隔离等育儿技巧来减少负面行为。

我们来看一个范例。假设孩子在超市不听话。他要糖果，你不让拿，他挣脱你跑开。要评估你是否能妥当处理这种情况，你可以根据5周教养方案中列出的技巧来问自己几个问题：我关注和奖励孩子的配合行为了吗？当他要糖果时，我是不是跟他说"不"，然后就不理睬他了？我是否告诉过他，挣脱我的手跑开要被计时隔离？我真的对他的这种行为采取计时隔离了吗？我们进超市时，我清晰地对他的行为提出过规范要求吗？通过回答这些问题，你就能清楚自己在做什么、应该做什么，也就是在思考如何综合运用所学的5种技巧来改善孩子的个性强行为。

在工作中，我们经常向父母强调在改变个性强行为方面，连续使用5周教养方案中所教授的技巧非常重要。如果你持续通过关注和奖励来认可孩子的正面行为，无视无伤大雅的不当行为，清晰地发出指令，对不能无视的行为采取计时隔离，你就会成为最完美的父母！具备这些条件，结合孩子的气质和你的家庭氛围，你就能够最大限度地改变孩子的负面行为。不过，我们没有遇到过也没有听说过坚持得如此完美的父母，你也不太可能成为第一个。请尽可能地坚持，但也要认识到自己不可能做到十全十美。

史密斯家和琼斯家

在史密斯夫妇和帕特里夏学习并实施了 5 周教养方案之后，蒂姆和丽莎是不是就变成了"完美"孩子呢？当然不是。尤其是蒂姆，他不断会出现一些新问题，史密斯夫妇必须不断地重新调整部署，回归 5 周教养方案的基础技巧去解决这些新问题。首先，他们需要对新问题进行讨论，然后针对新问题，利用所学技巧，制订相应的解决方案，并共同实施。不过，这个策略并不能完全消除每一个新问题，只能减少这些问题的发生频率。芭芭拉和约翰知道，蒂姆永远都不会像他的姐姐苏珊那样容易管教。不过，他们已经开始感觉自己是合格的父母了。最近，他们正在计划生第三个孩子。

虽然丽莎也不完美，但帕特里夏并不像史密斯夫妇那样需要经常解决问题。帕特里夏完成 5 周教养方案后，丽莎的表现不断进步，很少反复。像史密斯夫妇一样，帕特里夏成了一名长期问题解决的高手，她开始感觉自己是一个合格的母亲了。

使用 5 种技巧的环境

就像史密斯家和琼斯家所了解的那样，运用 5 周教养方案中的育儿技巧来解决个性强行为问题并不能得到完美结果，部分原因是父母本身并不完美。另外，父母必须在一个较大的环境中练习这些技巧。如表 11-2 中所总结的那样，孩子的行为不只是受父母行为的影响，还会受他自己的气质和整体家庭氛围的影响。

作为父母，在使用 5 周教养方案中的育儿技巧的同时，还要为行为改变创造良好的环境。这涉及从本质上改变你的家庭生活、培养沟通技巧和耐心、建立孩子的自我肯定感、锻炼孩子的社交能力等方面，我们将会在第三部分详细介绍。比如，如果你使用育儿技巧，但却不能培养自己的耐心或无法有效与人沟通，那么，你就更加难以改变孩子的个性强行为。5 周教养方案中教授的育儿技巧是改变孩子负面行为的必要手段，但仅有这些技巧还不够，还要为行为改变创造良好的环境。

表 11–2　影响个性强行为的因素

层面	总体作用	具体作用
气质	个性强行为的基础	• 决定了你在改变孩子负面行为时需要付出多少努力
		• 帮助你合理设定对孩子行为改变程度的期望值
育儿技巧	解决个性强行为问题	• 关注正面行为
		• 奖励正面行为
		• 无视无伤大雅的不当行为
		• 发出适当指令
		• 对不当行为实施计时隔离
家庭氛围	辅助改变个性强行为	• 对家庭压力的适应性处理
		• 建立日常、惯例和例行仪式
		• 在家内家外使用良好的沟通技巧
		• 重视和孩子一起玩耍
		• 减少使用电子产品的时间
		• 增加孩子创造性游戏的时间
		• 强调家庭用餐的重要性
		• 培养更多的耐心
		• 建立孩子的自尊，锻炼孩子的社交能力

孩子的气质（第一部分的话题）也不容忽视。你要付出多少努力来改变孩子的不良行为，可以用孩子的气质作为衡量的标尺。孩子在毅力、反应性、适应性和情绪性方面越有困难，你就越难改变他的负面行为。另外，他的气质也决定了你到底能改变他多少。如果孩子的气质属于极其困难型，你所能改变的他的负面行为将极其有限。其实，孩子的气质也应该是你建立期望的重要衡量标尺。基于这个原因，芭芭拉和约翰对蒂姆（困难型气质）的短期及长期期望与帕特里夏对丽莎（中间型）的期望完全不同。

纵观个性强行为的各个层面，气质是基础。也就是说，气质为个性强行为的发展奠定了基础，决定了你改变个性强行为需要付出的努力程度，气质还告诉你对孩子个性强行为的改变应持怎样的期望才合理。你可以运用 5 周教养方案中所学的技巧来解决个性强行为。综合运用这些技巧，你就能在孩子气质范围内最大限度地改变他的个性强行为。最后，消极的家庭氛围也会影响孩子行为的向好转变，而积极的家庭氛围则更容易让孩子的行为向好的方面发展。第三部分第 12 章将重点介绍如何让家庭生活更加积极。

总之，新学的育儿技巧会帮助你应对个性强的孩子的行为问题。但是，运用育儿技巧和保持积极的家庭氛围并不能保证孩子完全没有问题。孩子终究是孩子，尤其是个性强的孩子，个性是无法改变的。更务实地说，在积极环境中使用育儿技巧可以让你需要解决的问题行为变得越来越少。一旦发现问题，你就可以用这些技巧进行评估和解决。你还能有更多的机会帮助孩子利用个性强的正面特质。长期坚持使用这些育儿技巧，更可能达到上述效果。

不较劲的养育

Parenting the Strong-Willed Child

为行为改变创造良好的环境

结合积极的育儿策略，综合运用第二部分的 5 周教养方案，将会取得最佳效果。由于影响孩子行为的因素众多，要彻底改变孩子的负面行为，仅依赖行为管理技巧还不够。在运用第二部分所介绍的育儿技巧的同时，还要为孩子提供更加利于其行为改变的环境，这样才能取得更好的效果。第三部分主要介绍以下内容：从本质上改变你的家庭生活（第 12 章）、更有效地沟通（第 13 章）、培养对孩子更大的耐心（第 14 章）、增强孩子的自我肯定感（第 15 章）、帮助孩子提高社交能力（第 16 章）。

第 12 章
和谐的家庭生活是改善亲子关系的根本

你的家庭生活越积极，孩子对你的看法就越积极，你也就越能有效地引导孩子的行为和性格发育。本章重点介绍让你的家庭生活变得更积极的方法，增加个性强的孩子在生活中取得成功的概率。首先，我们一起回顾一下历史，看看老一辈人是如何育儿的。

我们从老一辈人身上能学到什么

在工业革命以前，美国的家庭生活与现在很不一样，在很多方面都比现在的家庭生活更加积极。从前，日子虽然艰苦，但是，家庭生活往往更加务实，父母与孩子之间互动很多。大多数年轻的家庭都生活在郊区，靠近祖父母和其他家族成员。家庭成员大部分都在农场上或某种形式的家族事业中一起工作，大家相互支持。年幼的孩子们白天有许多时间和父母及其他家族成员交流。

孩子们在家庭内部通常有明确的分工，从小就被要求为家庭出力。幼年时期，他们要帮助打扫卫生、煮饭并参与其他普通家务劳动，稍微长大一点便要参与田间劳作或其他户外工作。事实上，现在2~3个月的暑假，最初就是为让孩子们在农忙季节帮助父母干农活的。在干农活的过程中，孩子与父母之间会有许多交流。在与父母并肩劳作时，孩子们学会的不仅仅有他们成年后所必需的工作技能，还有责任感。在家庭发挥重要作用，这有助于孩子建立归属感、自信和自律意识。

辛苦劳作一天，晚上家人们一般会以另外的方式进行互动交流，比如做手工、讲故事等，大家一起放松。换句话说，那时的人们业余都以家庭活动为主。家家都重视家族仪式和传统，并将其代代相传。家族中较年长的亲戚会花大量的时间讲述家族故事，传承归属感和家族认同感。

在大多数情况下，邻里关系紧密，村民之间相互帮助，整个村落就像一个大家族。在这样的村落中成长，孩子们一般都有强烈的安全感和归属感，这是建立自我肯定感所必需的早期基础。长期以来，在养育孩子方面，群体帮助的重要性已经得到公认。在非洲就流传一句谚语："养育一个孩子要举全村之力。"

总之，过去的父母与孩子一起交流的时间很多，孩子在家庭中发挥重要作用，大家族的成员与彼此、与家族历史以及与邻里之间联系紧密。孩子在这些互动交流和生活体验中学会了技能，培养了成功所必需的正直品性。

当今社会的积极家庭

近 50 年来，我们的社会发生了翻天覆地的变化，很多变化都是积极的。但是，也有一些变化对家庭和孩子造成了负面影响。在现代社会中，小家庭一般生活在远离大家族的地方，长时间在外工作是常态，离婚率不断上升，电子产品已经成为我们生活中的重要部分。这些现代生活方式严重影响亲子交流，让父母很难教孩子他们将来步入社会所必须掌握的技能。当今社会的这种变化减少了亲子交流，孩子也很难在家庭中发挥重要作用并直接学习到尊重、责任、自律、毅力和自信等正面品质，也很难由这种途径塑造价值观、锻炼判断力。所以，你必须做好规划，努力为你的孩子提供这些互动交流和生活体验，给孩子灌输那些过去的父母可以自然而然教会孩子的正面品质。

对个性强的孩子来说，最重要的是让他感到家庭是安全有保障、充满爱与欢乐的港湾。要帮助你的孩子培养积极的性格，学会重要的生活技能，你必须经常积极地和他进行互动交流。但是，迫于当今社会的压力，父母常常很难抽时间陪孩子。即便真能抽出时间，我们也无法全身心地陪伴孩子，因为我们很难放下烦心事。我们中的很多人回到家还要加班工作，就算没有把工作带回家，可能还是会忙于处理一些与工作或生活相关的其他事情，无法真正放松、享受家庭之乐，这对孩子是一种伤害。如果你存在这类困扰，要制订方案来处理你生活中的上述压力问题（见第 14 章），给自己留出更多时间与孩子积极互动。

虽然没有任何一个家庭可以完全避免压力，但是，你必须保证自己的压力不会"污染"家庭。"污染"有多种形式，其中包括经常性的冲突、不耐心、生气、孤僻、喜怒无常、酗酒、吸毒等。孩子需要一个积极快乐的家，他需要看到你能够控制自己的情绪，能够处理生活问题。你有效地管理自己在工作和家庭中的沮丧情绪时，其实就是在以身教的方式为孩子传授重要的生活技能。你的孩子很快也会面临越来越多的困扰，他会从你身上学习应对压力的方法，无论你的方法是好还是坏。

过去的父母有更多的时间和机会自然而然地对孩子进行言传身教，而现在，你与孩子的相处时间比过去的父母少，你只能用有限的时间教会孩子重要的生活技能、培养孩子的性格。现代社会充满着暴力和不确定性，你必须抽出时间，教孩子一些技能，才能帮助他在这水深火热的社会上立足。

怎样才能最好地与孩子互动交流、教会他重要的生活技能、养出优良的品格呢？和其他孩子一样，个性强的孩子也讨厌被说教。所以，一味地告诉他需要知道什么或需要做什么并没用。教养个性强的孩子最有效的办法就是与他建立良好的亲子关系，父母以身作则。不过，孩子并非天生尊敬父母，这需要父母努力去争取。如果你赢得孩子的尊敬，他重视你们之间的亲子关系，他就愿意以你为榜样。简单来说，孩子身上可以折射出他生活环境的好坏。

寓教于乐

想要跟个性强的孩子之间关系更亲密，你需要经常和他一起玩耍，关键是要找到你们都喜欢的活动。记住，是你们都喜欢，否则，它们就会变成苦差，而不是进一步培养和促进积极亲子关系的方法。

这些活动必须是互动性的。也就是说，这些活动必须需要你和孩子共同参与。下面的专栏中列举了一些互动活动。一起玩耍很重要，但其最终目的是要加强你与孩子之间的亲子关系。当人们一起玩得很开心时，他们就会喜欢与对方相处，并想花更多时间在一起。人们在一起积极互动的时间越多，关系就越牢固。随着你和孩子一起玩耍的时间越来越多，你们对彼此也会越来越了解。

互动活动示例

- 一种收集爱好
  （如石头、体育卡片等）。
- 一起做手工。
- 钓鱼。
- 烹饪。
- 参加体育运动。
- 建立模型。
- 学魔术。
- 制作书籍
  （如艺术绘本、故事书、剪贴簿等）。
- 木工。
- 参加体育活动。
- 参加艺术活动。
- 种花种蔬菜。
- 徒步。
- 露营。
- 写家庭日记。

通过玩耍，你和孩子可以学会如何配合、理解你们的相同和不同、彼此尊重。你也会对孩子的长处有更多的认识。互动活动还让你有机会促进孩子的成长，其中包括经常给孩子鼓励和关爱，帮助孩子学习有效沟通技巧、社交技能、责任、价值观、正确的判断、毅力、自律和自信等。但是记住，必须通过身教而非言教来教会孩子这些品质，这是成为合格父母最具挑战的一点，需要付出大量的时间和才智。你要为他树立一个更加有力的榜样，这是一项重大的责任。你的榜样作用在孩子的幼年时期尤其关键。等孩子到儿童和青少年时期，你的榜样作用就会受到孩子同龄人及其他各种人的挑战，到那时，你就只能寄希望于用你之前所赢得的尊敬来与其他影响抗衡。在孩子学龄前和入学初期，一定要重视对他的道德感、责任感、慷慨、共情心和包容心的培养。

新奥尔良市的路易斯安那州儿童博物馆（Louisiana Children's Museum）门口的诗句充分表达了寓教于乐的重要性：

> 我努力用书本教育孩子，
> 他只是一脸茫然望着我；
> 我努力用言语教育孩子，
> 他只当一阵耳旁风刮过。
> 我绝望地转过身去哭泣：
> "我该如何教育这孩子？"
> 他放一把钥匙到我手里，
> 说："来，和我玩在一起。"
>
> ——佚名

玩耍的重要性

玩耍不仅对孩子的认知、社交和身体发育很重要，对大脑的健康发育也同样重要。研究人员发现，积极的玩耍可以促进大脑发育，尤其能促进涉及情感和决策等技能的脑部区域的发育。通过玩耍可以学会多种技能，包括创造力、批判性思维、空间能力以及分享协作等社交能力。

　　尽管越来越多的人都达成共识，认为玩耍对孩子的健康成长非常重要，但是，孩子玩耍的时间却越来越少。据美国塔夫茨大学（Tufts University）的戴维·埃尔金德（David Elkind）说，在过去的 20 年里，孩子们每周少了12 个小时的活动时间，其中包括每周 8 小时无组织的自由活动和户外活动时间。同一时期，孩子们花在消极活动（看电视、玩视频游戏和使用计算机等）上的时间增加了 500%。花在消极活动上时间的增加，无疑是导致目前儿童肥胖流行的重要因素之一。

　　孩子们玩耍时间的减少有多种原因。由于担心美国孩子在学业上落后于其他国家的孩子，许多幼儿园和小学正在缩减玩耍的时间。同样出于这种担心，用于数学、阅读等学科的时间越来越多，而用于课间休息和体育与锻炼的时间越来越少。孩子们回到家后自由活动时间越来越少的原因也有很多，比如，越来越大的压力、节奏越来越快的生活方式、用于有组织的体育运动或活动的时间越来越多等。

　　孩子自由活动（不受家长或其他成年人高度指导或控制的活动）时间的减少尤其值得警惕。有证据表明，在探索性的自由活动中，成年人尽量少干预，幼儿往往能最有效地学会许多技能。在没有家长直接指示的情况下操控玩具，幼儿往往更容易培养空间能力。那些学会拆玩具、试图探究玩具工作原理和拼装方法的孩子，他们解决问题的能力往往得到了很好的培养。事实上，在《玩是如何塑造大脑、打开想象力并鼓舞灵魂的》（*Play: How it Shapes the Brain, Opens the Imagination, and Invigorates the Soul*）一书中，作者斯图尔特·布朗（Stuart Brown）博士向我们介绍，美国加州理工大学的喷气推进实验室发现，最好的工程师并不一定毕业于最有名望的工程院校。最好的工程师很多恰恰是从小喜欢拆卸玩具又自己琢磨着把玩具拼装好的那些人。这些人通过童年时的玩耍学会解决问题的技能，这些技能对帮助工程师制定解决复杂问题的可行性方案十分重要。

既然玩耍如此重要，那么就要保证孩子有大量时间可以自由活动，还要确保为孩子提供能够促进大脑发育的各种益智玩具。以下是一些建议。

- 不要给孩子安排太多活动，那会让他没有自由活动的时间。
- 不鼓励过度使用电视和视频游戏等消极娱乐。
- 父母应当尽量选择能够提升创造力和想象力的简单玩具。这些玩具往往比那些市面上大肆渲染的教育玩具更加益智。不要一时冲动或在广告效应的作用下购买玩具。认真思考一下这个玩具是否有利于开发孩子的创造力和解决问题的能力，能否给他们自由发挥创造的空间。记住，不是所有的孩子都喜欢同一种玩具或以同一种方式玩耍。如果想要获得一些建议，请参考"提高创造力和想象力的玩具或游戏材料"专栏。
- 鼓励参加能够促进身体／运动神经发育的活动和训练。"促进体育运动的玩具和活动"专栏中列举了一些相关的玩具和游戏材料。

最重要的是，在孩子玩的过程中不要过多地指导或控制。在第 6 章中我们告诉你在孩子玩耍的时候可以练习关注技巧。在这些练习时段，要求你在孩子玩耍时不要命令，不要提问，不要说教。这些练习时段的规则有助于你减少平时对孩子玩耍的控制。根据我们的经验，一些幼儿会由于过度指导和控制变得十分依赖父母的指令，以致不会独立玩耍。所以，请利用这些练习时段练习关注技巧，帮助孩子学会更加独立地玩耍。当父母更多观察孩子玩耍而不是提命令时，他们就更容易洞察孩子的想法，也更容易懂得孩子对这个世界的理解。

提高创造力和想象力的玩具或游戏材料

- 积木。
- 玩偶。
- 玩偶屋。
- 木偶。
- 木偶剧场（或是用大纸箱做成的木偶表演舞台）。
- 手指画。
- 美术用品。
- 乐高（基础积木工具包，比搭建特定物体的积木工具包提供更多的创造力空间）。
- 积木套装 / 材料（比如林肯原木、万能工匠等）。
- 沙盒及沙盒玩具。
- 手工材料。
- 橡皮泥。
- 彩笔和白纸（不要买只需给图案上色的书）。
- 玩具食物、玩具用具和玩具器皿。
- 玩具汽车、玩具卡车、玩具火车、玩具飞机。
- 家务游戏玩具（如玩具吸尘器、玩具扫帚等）。
- 购物游戏玩具（如玩具收银机、玩具钞票、玩具商品等）。

- 农场游戏玩具（玩具动物、玩具谷仓、玩具篱笆等）。
- 戏服、帽子和化妆服饰套盒（让孩子为你表演节目或是才艺）。
- 可以用来搭建游戏房屋和堡垒的旧床单、旧毛毯。
- 玩具电话。
- 户外粉笔。
- 用不同尺寸的罐子（或塑料桶）制作的套鼓。
- 录音机，用来录孩子自己唱的歌或讲的故事。
- 可以用来自己制作书籍的材料（纸张、用于制作封面的硬纸板、装订夹条）。

促进体育运动的玩具和活动

- 各种球类。
- 三轮或两轮自行车。
- 雪橇。
- 溜冰鞋。
- 跳绳。
- 悠悠球。
- 风筝。
- 健身垫。
- 跳房子。

- 舞蹈游戏。
- 捉人游戏。
- 捉迷藏。
- 西蒙说①。

减少电子产品时间，提高阅读能力

在第 3 章中我们已经讨论过，很多孩子在电子产品上花费了大量时间。除第 3 章中所提到的那些负面影响之外，耗费在电子产品上的时间过多，还会导致孩子阅读时间减少、阅读能力下降。这一点值得重视，因为那些善于阅读的孩子在学校更可能得高分，在生活中更容易成功。善于阅读的孩子长大后也很少会有行为问题。所以，除了要减少孩子使用电子产品的时间，你还需要帮助孩子成为善于阅读的人，他会从中受益的。

孩子要成为善于阅读的人，就必须掌握语言和词汇等基本技能，语言和词汇技能基础扎实的孩子阅读能力就强，而这些基本技能一般是在孩子入学前就已经掌握的。父母是孩子的启蒙老师，他们教孩子很多与后期阅读能力有关的技能。记住，不要操之过急。让孩子学会阅读不是一朝一夕的事，需要多年的努力。你要有耐心，要把阅读变成一种乐趣，而不是一种任务，这很重要。

---

① 给孩子发出指令的一种游戏，在每一个指令前加上"西蒙说"。——译者注

帮助孩子成为善于阅读的人，你可以做的事情有很多。以下是给你的一些建议。

帮助你的孩子培养较强的语言技能

语言技能是学会阅读的基础。帮助孩子成为善于阅读的人，第一步就是要注重语言刺激。

多和孩子讲话。 孩子通过听学会一些词语，并形成自己的词汇表。有研究发现，高收入家庭孩子平均每小时听到的词汇量是低收入家庭孩子的3倍。决定孩子后期阅读能力最重要的因素就是每小时听到的词汇量。

编一些与孩子有关的故事， 他们会很喜欢的。"从前，有个小男孩名叫……一天，他去……"等孩子长大一点，他就会帮你编故事。你先给故事起个头，然后问孩子后面发生了什么，这种形式的对话可以促进孩子对语言的探索，培养他的创造性思维。比如："有一只猫走在路上……"然后问孩子："后面发生了什么?"让他自由发挥。

看图说话。 让孩子根据图画编故事，鼓励他使用描述性的词语和形成对比的词语。

玩词语游戏。 "我（用我的小眼睛）看到一件（红色）的东西。""让我们来说出一些（绿色）的东西，我想到了（你会在公园里看见的东西）。"

为孩子朗读

为孩子朗读是父母在家就能做到的，也是最能帮助孩子提高阅读能力的方法。

每天为孩子大声朗读。把它作为你每天日程的一部分。适合给孩子朗读的时间有午睡时间、洗澡时间和睡前时间。

从配有图片的书开始朗读。这种有图片的书能吸引孩子的注意力。让孩子帮你翻书，你缓慢朗读；故事中不同的人用不同的声音呈现；说出图片中的物品；让孩子指认（比如，"你能指出哪个是老鼠吗"）。

让阅读变得有趣。找一个舒适的地点阅读；让孩子坐在你的腿上或和你并排坐在一起，这样他就也能看到书上的文字和图片；要带着感情朗读。

让孩子帮助你选择要读的书。记住，一遍又一遍地读同一本书你可能会厌倦，但是孩子不会。反复听同一本书对孩子有益。他们会记住一些特别的词语和句子，并乐于讲出来。请在适当的地方停顿，让孩子凭记忆把句子补充完整。

帮助孩子学会从左至右、从上到下阅读。在给孩子朗读时，伸出手指，指向你读到的词语。

帮助孩子培养对书籍的热爱

努力帮助孩子培养对书籍和阅读的终生热爱。让书籍成为家庭的重要部分。

定期带孩子去图书馆。在合理范围内让孩子自己选择要借阅的书籍，尽快让他拥有自己的图书卡。

帮助孩子收集藏书。这不一定要花很多钱。你可以去二手书摊为孩子淘一些便宜书籍，或与其他家庭交换书籍，也可以在亲戚朋友想要给你的孩子送礼物时，建议他们买书。

让孩子看到你阅读。让他看到阅读既很有趣又很重要。当你带孩子去图书馆时，请为自己借阅一些书籍。记住，如果孩子看见你经常看电视，他也会想多看电视。如果他看见你经常阅读，他也会想多阅读。

充分利用家务劳动

利用各种日常活动机会与孩子进行互动，对孩子进行教导。尽管玩耍很重要，但是家里也有很多家务需要做。让孩子尽可能多帮助你分担家务，即使孩子很小，他也可以帮忙清扫地板、推吸尘器或是摆餐具。虽然你自己做这些事情往往更快更熟练，但是，让孩子参与其中是给他一个很好的学习机会。让孩子帮助做家务会让他有一种为家庭做贡献的感觉，同时也会让他变得更有责任感、更自信。

为了让个性强的孩子保持对家务的兴趣，你必须经常给予他鼓励和表扬。如果他正在帮助你做一件需要分几步才能完成的事，请认真地给他讲解你所做的每一步。比如需要换灯泡，首先告诉孩子你需要他的帮助。这会建立他在家里的价值感。在你换灯泡的过程中，给孩子讲解你所做的每一个步骤。这不仅能够教会他如何完成一项具体工作，还能教他掌握解决问题的思路。你可以像下面这样对他说：

> 我们把旧灯泡从台灯上取下来，像这样拧一拧就可以把它取下来了，你想不想帮忙拧一下？接下来，我们需要查看一下这是什么型号的灯泡。看，这里写着"40瓦"。我们一起去厨房拿一个新灯泡。看到这个盒子了吗？上面写着"40瓦"。这就是我们需要的型号。你帮我把新灯泡拿来。我把它放进去，然后你可以拧一拧，直到拧紧为止。看，像这样就可以拧紧了。现在把开关打开，让我们看看它会不会亮。太棒了，我们换好啦！谢谢你的帮助。

尽管这种方法会花更多时间，但是值得。这与过去的父母让孩子感受自己价值的方式有些类似。如果总是我们在做家务，而孩子在看电视或玩游戏，如何指望他能有责任感，他又如何能相信自己在家里的重要性？

表达"我爱你"

我们很多人都没有花足够多的时间向孩子或配偶表达我们的爱。说"我爱你"固然重要，但还有许多其他表达爱的方式。

- 在家里孩子能看到的地方（比如孩子的床边、洗澡间的镜子上、孩子外套口袋里、孩子的午餐盒里）放上画有心形或写有"我爱你"的纸条。
- 给孩子足够的身体抚爱，拥抱会让孩子真正感受到被爱。

- 让孩子无意中听见你和别人说起你对他的爱，这比直接告诉他更有效。

- 专门为孩子准备一本相册或剪贴簿。这会让他知道你认为他很重要，他是被爱着的。在相册中放上精心挑选的孩子的照片、艺术作品及其他有关信息，并让孩子把相册放在他自己的房间里。

- 在孩子房间挂一张带有相框的全家福。

- 展示你的孩子的艺术作品。不要让他发现你把他的心血扔在垃圾堆里。

- 记住，行动比语言更有力量。

请发挥你的创造力，花点时间想出一系列向孩子表达爱意的方法，这对孩子特别有意义。每个孩子都是不同的，制订一张表达"我爱你"的个性化方法清单，这能帮助你更好地了解孩子的个性。

组织计划与日常安排

每个积极的家庭都有组织计划与日常安排。虽然太多的组织计划和非常严格的日常安排会让人感到窒息，但适当使用组织计划和日常安排有利于家庭有效运转。孩子，尤其是个性强的孩子，需要组织计划。家规应当简单具体（比如在家里要走不要跑）。父母要注意不要给孩子列太长的家规，只就最重要的规则制定就可以了。建议采用我们称为"管理规章"的家规，使用"如果……那么……"的表述。"如果"后面是被禁止的行为，"那么"后面是违规的后果。比如，"如果你打弟弟，那么你就要去计时隔离。"一旦制定了"管理规则",它就持续生效。采用"如果……那么……"来表述规则,其好处在于能够让孩子清楚地理解规则及违规的后果。

重要的是,要记住,孩子可以从好的习惯中受益。日常安排提供了可预见的计划,这可以帮助指导孩子在家的行为,并营造家庭感情氛围。一贯的日常安排有助于个性强的孩子养成更恰当的行为习惯。孩子每天早上应当在固定的时间起床,晚上应当在固定的时间上床睡觉。睡觉前应当有几个安静活动,比如洗澡、讲故事和祷告等,每天晚上都按照这样的程序完成。早晨起床穿衣这些日常活动要尽可能与早餐时间相连贯。请在家里建立清晰连贯的计划和日常安排,这样有助于降低你唠叨和命令孩子的频率。

家庭用餐时间

父母和孩子一起吃饭对孩子健康和幸福的重要性可能超出你的想象。研究表明,家人一起吃饭能够促进幼儿的语言发育并能够减少其行为问题,不仅如此,这件事还能提高大龄儿童的学习成绩、降低各年龄段孩子的肥胖风险。家人共同用餐坚持到孩子十几岁时,甚至能降低抑郁、自杀和进食障碍等风险。

尽管很多人都认同家人一起吃饭有好处,但很少有人了解个中原因。这涉及许多因素,其中包括家庭成员之间的交流增多(可以加强亲子关系,可以促进幼儿语言发育,后者是因为幼儿能够听到更多的词语和对话),父母对孩子陪伴和监管增多(父母更了解孩子的日常生活和在校情况),父母和孩子都吃得更加健康营养。

如何让孩子和家人在家庭用餐中获得最大化的收益？以下是我们的一些建议。

每周尽量安排至少 5 次家庭用餐。只有 50%～60% 的家庭反映，他们每周有 3～5 次，或更多次的共同用餐。父母的工作日程安排和孩子的课外活动可能会让家人很难坐在一起吃饭，但是，仍然要想方设法，尽可能多地安排家人在一起吃饭，这非常重要。即使孩子慢慢长大，也请继续保持一家人经常一起吃饭的习惯。

吃饭时关掉电视。几乎有一半的美国家庭在用餐区安装了电视。吃饭时开着电视有可能会破坏家庭用餐的积极作用。开着电视吃饭，家人之间的交流会减少，吃得过饱的可能性会增加。

家庭用餐期间尽量减少其他干扰。关掉收音机，不要接听电话，不要回复短信或邮件，不要打游戏，请专注于家人。

用餐期间谈一些积极轻松的话题。不要利用这个时间去关注重大问题。利用餐桌时间谈谈各自一天的经历和第二天的计划。利用这个时间讲讲家族故事。让孩子参与交谈（以孩子为主，不要以大人为主）。理想的交谈应当有说，有听，有分享，有关爱，有笑声。

考虑为家庭制定用餐传统。比如，你们可以玩"提问游戏"，列出问题清单，如"你最喜欢的游戏是什么？""你最喜欢的笑话是什么？""你这周看到最有趣的事情是什么？"，等等，在每张小纸条上写一个问题，然后把所有的小纸条都放进一个罐子里。在特定的用餐时间（比如周日晚餐时间），你的孩子可以从罐子里抽出一个问题，大家一起就这个问题说点什么。

保持用餐轻松愉快。如果你时时刻刻都感受到压力，请努力把家庭用餐当作关注积极事物的机会。请不要把自己的压力和坏情绪带到餐桌上。

更常在家吃饭。与外面餐馆的食物相比，家里烹制的食物一般有更多水果和蔬菜，热量和脂肪含量更低。

提前计划和准备营养餐食。不要等到最后一秒才决定晚餐吃什么。否则，你很可能会加热一点包装好的半成品，或干脆点外卖对付了事。建议列出每周菜单和购物清单。

坚决拒绝孩子吃不健康食品（比如含糖早餐麦片等）的要求。要知道，每年有近 10 亿美元的食品和饮料是以 12 岁以下的孩子为营销对象的。

要求和期待良好的餐桌举止。对餐桌行为提出明确要求。使用关注和奖励技巧促进良好举止（不要使用惩罚不当行为的办法）。

用餐时间不要太长。一般用餐时间以 15～20 分钟为宜。

家族传统和仪式

有传统和仪式的家庭往往感觉更特别，更积极。但是，许多父母并没有从祖辈那里传承家族传统和仪式。这是一种遗憾，因为孩子往往喜欢那些能让他们产生强烈家族归属感的，或是让他们想要追溯家族根源的传统与仪式。这些有助于明确一个家族的独特性，能让孩子感觉到自己的家庭与众不同。传统可能包括家庭以某种特别的方式庆祝节日，比如，每年国庆节举行一次家庭野餐等。为自己的家庭创造一种新的独特传统也很有趣。比如，你可以为孩子的半岁举行一个小小的庆祝会，孩子 5 岁半当天给他某项特权等。

我们还强烈建议庆祝与你家乡有关的节日，同时学习家乡的更多相关知识。这种庆祝不仅仅是一种愉快的活动，还能教会孩子了解家族历史。制作独特的食物、装饰物品也能让节日传统更特别。吃一顿烛光节日大餐，玩一个特别的游戏等，这些事情往往都会让孩子记忆犹新，尤其是当它们只在某个节日发生时，孩子会记得更长久。

如果你想要为自己的家庭创建更多传统和仪式，记住，这些传统和仪式必须积极有趣、老少皆宜。其目的是要创造一些活动，让孩子不仅会期待，还会回味怀念，成年后也会视为珍贵的记忆。希望你的孩子将来把这些传统和仪式继续带入你孙辈的生活中，从此代代相传。

我们希望本章已经帮助你认识到拥有积极家庭氛围的重要性。父母在为孩子的成长打基础方面发挥着重要作用，要帮助孩子树立正确的人生观和价值观，养成自信、坚毅、有责任感、有正确的判断力等良好品质。为帮助孩子养成这些良好品质，你应当增强整个家庭的积极氛围。更多地陪伴孩子，和他一起玩耍，参与游戏活动，表达对孩子的爱，以身作则教育孩子……这些努力会让那些针对孩子行为问题的管教策略更有效，也更容易实施。或许更好的就是，孩子需要你管教的机会将会越来越少。

第 13 章

改进你的沟通技巧

　　善于沟通的家庭往往更少出现问题，就算出现，也能成功地解决。在这样的家庭中，家人们更喜欢与彼此相处，不善于沟通的家庭则相反。有效的沟通技巧是家庭成功运转的重要根基。幸运的是，许多家庭都表现出有效的沟通模式。这些家庭的成年人彼此坦诚，相互尊重，彼此交流想法和感受。但是，即使是这样的家庭，在压力面前往往也做不到有效沟通。在第 3 章中我们已经讨论过，家庭压力通常来自不同的方面，有经济问题、医疗问题、感情问题、工作问题和育儿问题等。

　　家中有个性强的孩子可能会让家庭压力倍增，从而导致并加剧家庭沟通模式的崩溃。不善沟通的父母往往会陷入一个恶性循环，郁闷导致沟通不畅，沟通不畅导致更郁闷，更郁闷导致沟通更不畅……长此以往，严重影响家庭正常运转。结果是家庭冲突越来越多，家庭问题越来越严重。

　　家中有个性强的孩子会影响所有家庭成员之间的沟通，特别是不利于父母（不管是已婚还是离婚的）之间的交流。父母总是会为谁在家管教孩子、孩子的照顾或幼托问题以及孩子的行为是什么原因、由谁造成的等问题而争论。这些问题都是由孩子带来的。但是，久而久之，它们也会影响父母在与孩子无关的其他方面的沟通，并带来更多的郁闷情绪。在一些极端情况下，这种沟通不畅和恶性循环最终可能会导致家庭关系的破裂，见图13-1。为避免，至少是尽量减少这种家庭危机的出现，父母必须积极提高他们的沟通技巧。

努力满足个性强的孩子的要求会造成压力，这样的压力最终可能会导致父母与其他关心照顾孩子或与孩子有互动交流的人，比如亲戚、保姆、老师等之间沟通出现问题。所以，即使是在单亲家庭中，与孩子共同生活的家长仍然可以通过提高自己的沟通技巧而获得益处。

| 个性强的孩子 | 家庭不愉快 | 沟通不畅：父母为孩子发生争吵 | 家庭更不愉快 | 沟通不畅：父母为孩子以外的事争吵 | 家庭关系破裂 |

图 13-1 个性强的孩子及父母间沟通不畅的恶性循环

沟通问题及其对策

在本章中，我们提出了一些常见的沟通问题及相应对策。改变沟通方式很困难，需要付出极大的努力，毕竟江山易改，禀性难移。我们建议你每次选一两种沟通问题来解决。让你的配偶或其他重要的人确切地知道你准备努力学习哪些技巧。让你的配偶在你出现错误时帮你指出（要非常温和地指出），在你取得进步时给予积极反馈。如果你的配偶也在努力提高自己的沟通技巧，效果就更好，因为你们两个可以相互帮助。相互帮助的氛围对于有效改变沟通方式至关重要。批评和指责的氛围无疑会让你前功尽弃。

问题 1：漫不经心

如果一个人对另一个人所说的话完全心不在焉，那么这样的交谈就毫无意义。很多人都对这句话表示赞同。尽管我们都认同应该专注于别人说的话，但是，漫不经心仍然是最常见的沟通问题。漫不经心由不同的外因和内因导致。外因包括受孩子干扰、接听电话以及电视音量太大等因素。内因包括疲劳、生气、焦虑、想着另一件更加紧急的事以及总是对别人的话不感兴趣等因素。

通过观察，特别是通过对肢体语言的观察，人们很容易发现谁在交谈中漫不经心。没有真正在听的人往往会看向说话人以外的地方，或者是做一些不好的面部表情，比如嘲笑、得意的笑、怒视或厌恶等。另外，从谈话内容中也很容易看出来，例如谈话总是被质疑、批评或争论打断。如果一个人不断地打断你，很难认为他在用心听你说话。

对策：做一名好听众

做一名真正的好听众很难，需要付出大量的努力和练习。不过，成为一名好听众会让你所有的付出都值得。只要自己的看法被倾听和理解，大多数人都能够接受意见和分歧。有效倾听被认为是一种最重要的沟通技巧，所以，我们更侧重于倾听而不是其他沟通技巧。要成为一名好的听众，你最好养成下面这样的倾听习惯。

排除一切干扰。当你努力排除一切干扰时，你向交谈对象传递的信息就是你对他所说的话很感兴趣。所以，请关掉电视（至少调小音量），放下报纸，排除其他干扰。如果你不能马上排除所有干扰，请跟对方说明，你真的想要很认真地倾听对方要说的话，但是当下时机不合适，提议另外找没有干扰的适当时间（比如孩子到外面去玩时），那时你们再讨论这个问题。

倾听并理解。 人们在讨论某个问题时，也许已经有了自己的想法。在这种情况下，他们可能并不会真正去听别人讲什么，这非常令人沮丧。如果这种沟通模式经常出现，会毁掉一段关系。相反，要把对方所说的话真正听进心里去。简而言之，就是认真倾听内容，努力区分讲话内容和讲话方式，试图站在对方的角度去理解这个问题。当然，你有权提出异议，但是，你得等到对方讲完他的观点之后再表达自己的想法。记住，当人们感觉到你在认真倾听他们的话并努力去理解他们的看法时，他们更有可能会尊重你的异议。

思考并概括你所听到的信息。 如何能让对方知道你在认真倾听并努力理解他所说的话？最有效的办法就是思考和概括。思考是指在交谈进行过程中给出一些评论，这表示你在认真倾听。在下面这段对话中，这位父亲十分有效地进行了思考：

> 母亲：我感觉自己要崩溃了。乔纳森的行为简直让我抓狂。他不停地想要我的关注，不停地哭喊。一天到晚不停地喊"妈妈做这""妈妈做那"。我感觉自己整天都在伺候他。
>
> 父亲：整天一刻不停地要对付他确实很让人疲惫。

另一种表示关注的回应方式是概括，就是不加任何评判地将别人所说的总体观点陈述一遍。这种方法特别适用于讨论复杂问题时或是长时间讨论后。请看范例：

父亲：今天上班时乔纳森幼儿园的老师给我打过电话，她说乔纳森在幼儿园有很多问题。乔纳森从到达幼儿园与马休一起玩那一刻开始，问题就不断出现。当马休不按照他的意愿去做时，乔纳森就会骂马休，甚至还推搡他、打他。在茶点时间，他经常抢走马休的点心。在课间休息时，他在操场上推着马休到处跑。真正让我担心的是，老师说幼儿园不能容忍攻击行为。如果他们真要把乔纳森给开除了，我都不知道该怎么办。

母亲：嗯，看起来主要问题在乔纳森和马休之间，因为老师没讲过他和别的孩子之间的问题。我们需要想想该如何解决这个问题。

乔纳森的妈妈做得非常好，她将丈夫略带情绪的冗长对话中提到的一个复杂问题进行了很好的概括。她的话让丈夫确信她在倾听。而且，她还能针对问题提出初步计划。

理清说话人的想法。针对对方所说的话提出恰当的问题，既表明你在认真倾听，又加深了你对其观点的理解。提问表示你有兴趣充分理解对方所说的话。尽管很多人在工作和其他活动中都会尽力搞清楚不明白的地方，但是，在私人关系中，尤其是涉及家庭压力问题的交谈中，我们都不太可能这样做。而在讨论一些家庭压力问题时，往往最需要搞清楚某些事情。

使用接受性肢体语言。你的肢体语言在很大程度上会暴露你对对方所说的话是否感兴趣。如果你不看说话人，就很明确地表示你对他所说的话没兴趣。当对方和你讲话时，你别过脸去，继续看报纸或看电视，你就在强烈暗示你所听到的并不重要。当对方和你讲话时，你模仿他或者做鬼脸，这也是在向他表示你对他所说的内容不感兴趣。

当你用这些方式来表达你的不感兴趣和不尊重时，交谈多半会草草结束，甚或会演变成一场冲突。通过肢体语言来表达感兴趣的方法有保持眼神交流、面向对方、面带感兴趣的表情、不时点头，这些肢体语言表示你认可对方所讲的某些事情。请注意避免不好的表情或负面动作。通过肢体语言你要表达的信息是："我非常尊重你，愿意倾听并试图理解你的看法。"

问题2：垄断交谈

当一个人垄断对话时，就很难进行一场真正意义上的交谈。我们都有与人交谈时对方不给我们插话机会的经历。在某些社交对话中，有一个垄断对话的人可能很好，但是，在两个人一起讨论对双方都非常重要的问题时，这种行为就会引发问题。如果你只是一味地表达自己的观点，想要赢得对方的认同，对方就会心生厌恶，负面情绪会不断累积，到一定程度他就会生气，沟通很可能会中断。

需要注意的是，父母总是不给孩子说话的机会，这会给孩子不好的示范。我们要为孩子树立平衡交谈的好榜样，既要说，也要倾听。父母以身作则是最好的教育。

对策：请求反馈，轮流说话

喜欢垄断交谈的人往往更外向、更健谈。如果你就是这样的人，你需要克制一下，让其他人更多地参与到谈话中。特别是当你正在和一个安静内向的人或是不愿意打断你去表达自己观点的人交谈时，尤其应该如此。

在和对方讨论一个问题时，请酌情停下来询问一下他的意见。询问意见时，尽量避免提一些只需回答"是"或"不是"的问题。比如说："你同意我的观点，不是吗？"这分明就是在鼓励对方简单地说"是"。这种问题称为封闭式问题，因为它往往为沟通设置了一定的限制。相反，要尽量提一些促进对话的问题。促进对话的问题一般都以"怎样""什么时候""什么""为什么"等词语开头。这种问题一般称之为开放式问题。开放式提问鼓励别人表达观点，对沟通不设限制。比如，问"今天上班发生了什么事？"就比问"你今天上班还好吧？"更能促进交流。孩子们看见我们使用开放式提问，他们也更可能会学着这样提问。

问题 3：沉默

与垄断交谈的人完全相反，有些人在交谈中保持沉默。为避免冲突或分歧，许多人会选择在讨论中深藏自己的想法和感受。这样确实能够避免眼下的冲突和分歧。但是，如果你一直压抑自己的感受，被压抑的情绪积累到一定程度时，就可能会爆发。这当然不利于沟通。

对策：说出来

在交谈中及时表达自己的感受和观点，这样就能避免情绪积累甚至爆发。对于许多人来说，这很难做到。如果你是这种很难自然表达自己心声的人，就需要一定的方法学习如何说出来。下面的方法供你参考。

- 想一想如果你说出自己的观点可能会导致的最坏的事情。其实那一般也没有多么可怕。
- 想一想如果你说出自己的观点可能会引发的好事情。其中包括建立有效沟通的模式和避免压抑感情。

- 找一个特定的人，最好是支持你的人，与他交谈时试着表达自己的观点。
- 实施计划并评估结果。结果往往并没有你想象的那么糟糕。

问题 4：主观臆断

人们对很多问题都会固执己见。如果你是这样的人，对方可能会不愿意表达不同看法。他会认为你不够开明，不会考虑其他看法，只会认为他不对。在这种情况下，对方往往会在交谈中保持沉默，久而久之，还会心生怨怼。这不利于你们两人之间的关系，也不利于有效沟通。

对策：乐于倾听别人的观点

尽管可能对某个问题你会坚持自己的看法，但是，你要表明愿意倾听其他观点的态度。这并不意味着你要改变自己的观点，只是表示你愿意倾听不同的声音。在对方表达自己的观点时，不要贬低他。讨论你对这种观点的关切，而不要对对方进行人身攻击。在倾听其他看法时，尽量保持开明。有时在某些问题上，你可能会发现对方其实是对的。

问题 5：翻旧账

当我们讨论某个问题时，有些人往往会翻旧账，提及过去的一些冲突。比如，你也许发现自己有时会说："就像上次你……"当你反复这样旧事重提时，对方会觉得自己似乎永远都得不到原谅。这样会导致负面情绪的滋生和沟通的中断。

对策：专注于当下问题

在讨论问题时，要专注于当下的问题，不要牵扯那些与当下问题不相干的陈年旧事。一段关系要发展，当事人必须学会向前看，必要时要学会原谅。我们都会犯错。只要能够从中吸取教训，没有必要反复提起。要学会原谅，活在当下。这是我们必须教会孩子的重要一课。错误是学习的机会，作为父母，我们要以身作则，让孩子懂得，我们真的可以在犯错中得到成长。

问题 6：纠结于这是谁的责任

当今社会，只要出现问题，我们往往就会纠结于这是谁的责任。无论国家、地方还是家庭，情况都是如此。但是，大到联邦预算赤字问题，小到孩子的行为问题，大多数问题都是由多种因素造成的，而绝不只是某一方面的原因。因此，纠结于这是谁的责任，通常鲜有成效。指责只会伤感情，并不能解决问题。

对策：关注问题对策

与其追究问题的责任，不如集中精力想出解决问题的方案，这样更加有效。比如，如果反复听到 4 岁的理查德讲脏话，他的父母应当采取的更有效的做法是，集中精力想出一个统一的办法来解决这个问题，而不是相互指责谁当着孩子面讲的脏话更多。在这种情况下，也可以适当讨论可能导致这个问题的原因，但目的不是纠结于该指责谁，而是要有针对性地解决问题。比如，要讨论孩子是不是因为听到别人讲脏话而跟着学，然后反思自己的行为，决定今后以身作则、不讲脏话，而不是相互指责。相互指责并不能解决问题，因为包括与孩子行为相关的问题在内，大多数问题都是由不同因素导致的，答案并不简单。

问题7：相互抱怨

当有人抱怨你所做的事时，常见反应就是你也抱怨他所做的事。比如，如果你抱怨配偶很少帮忙做家务，对方可能会抱怨你缺乏关爱。这种相互抱怨背后的理论就是，进攻是最好的防御。也就是说，当受到语言攻击时，自我保护的办法就是反唇相讥。但事实是，相互抱怨往往只会让争吵升级，根本解决不了问题。

对策：关注当前问题

面对别人对自己的抱怨，我们的心情很难不受影响。尽管如此，我们仍然要努力克制自己本能的情绪反应，忍住想要反击的冲动。如果你能够避免陷入相互抱怨的困境，选择关注眼下的问题，你就更可能成功地解决它。如果你不同意对方的观点，请以解决问题的态度去讨论问题。试着站在对方的角度去理解他的抱怨。认真听他讲，然后思考他为什么会这样讲，其中是否有道理。与对方共同探讨你们各自怎样做才能避免类似问题再次发生。

问题8：读心

有时候，人会想当然地以为自己知道别人在想什么，尤其那些彼此非常熟悉的人更容易这样认为。如果你开始以为自己知道配偶的想法，那么你正走在危险的路上。如果你不问对方，就永远无法确定。说"我知道你在想……"或"我知道你认为……"这样的话是对配偶的冒犯。如果你总是这样读配偶的心，久而久之，对方就会对你产生怨恨。

对策：只表达自己的想法

在交谈中，尤其是在涉及某些冲突的交谈中，请只表达你自己的想法。让你的配偶表达他自己的想法。或许你也想要通过鼓励让对方表达自己的想法，这时你可以问对方是怎样想的。对方一旦开始说，就不要去打断。不要以为你知道对方在想什么，又准备讲什么。

问题 9：不尊重和贬低

人们往往对自己不怎么熟识的人表现得很有礼貌和尊重，而对于熟悉的人似乎觉得自己拥有不尊重的权利。这种不尊重通常包括"你真懒""你真傻""你真没用"等语言上的贬损。这些伤人的话会破坏一段关系。

对策：礼貌一些，用"我"信息

如果你尊重所爱的人，你们之间的冲突会大大减少。请对你所爱的人礼貌一些，就像你对其他人那样。请努力表达自己，而不只是发泄情绪。如果你发现自己要说的事可能会贬低对方，就再斟酌一下用词，尽量换成平和的语言去表达。

说出自己对某个问题的感受远比一通指控有效得多。说出你的感受通常被称为使用"我"信息，也就是以"我"开头的关于自己的表述。这种信息传递出你的感受或需求。而以"你"开头的表述通常是对别人进行指责和批评。我们一起来看看这两种信息：

- "你"信息。例如，"你这个懒鬼！你只会把东西到处乱扔，从来都不帮忙收拾整理。"

- "我"信息。例如，"屋子里总是乱糟糟的，我真头痛。我感觉自己要不断地收拾整理，但又没时间。我真的需要帮助。"

想一想，"我"信息和"你"信息，你听到哪种信息会更愿意帮忙？虽然"我"信息并不能解决所有的沟通问题，但是，它们能够最大限度地减少冲突，促进更加健康的沟通模式。

问题 10：矛盾信息

设想在你讲话时，你的配偶嘴里说他对你所说的话很感兴趣，但是对方根本没看着你，言行不一致。当出现这种言语和动作自相矛盾的情况，你选择接受哪种信息？矛盾信息即便不是无法理解，也十分难以解读。

研究表明，人们对非语言信息的重视程度不亚于语言信息。心理学家阿尔伯特·梅拉比安（Albert Mehrabian）发现，我们通过语言所传递的信息只占沟通信息的 7%，通过语气、音量等声音特征所传递的信息占沟通信息的 38%，而通过面部表情等肢体动作所传递的信息占沟通信息的 55%。不管准确的百分比究竟是多少，事实证明，非语言沟通非常重要。

对策：使用一致的语言和非语言信息

为防止被误解，请确保你的语言信息和非语言信息一致。比如，如果你口头上说的是积极的，那么你的非语言信息也应当是积极的。积极的非语言信息包括面部表情（如微笑、善解人意等）、肢体语言（如触摸、身体向说话人倾斜等）和语气（比如温暖、喜悦、关爱或高兴等）。

把对策落实到行动中

本章开篇我们就提到过，要改变沟通方式往往很难。为方便参考，表
13-1 总结了我们所讨论的 10 种沟通问题及其对策。回顾一下，明确哪些方
面是你的问题所在，也听听他人对此的反馈。方法之一就是问问你的配偶或
朋友，让对方指出本章的对策中有哪些是你身上的优点。然后，你就知道，
剩下那些方面就是你需要重视的。

表 13-1　沟通问题及其对策

问题	对策
漫不经心	做一名好听众
垄断交谈	请求反馈，轮流说话
沉默	说出来
主观臆断	乐于倾听别人的观点
翻旧账	专注于当下问题
纠结于是谁的责任	关注问题对策
相互抱怨	关注当前问题
读心	只表达自己的想法
不尊重和贬低	礼貌一些，用“我”信息
矛盾信息	使用一致的语言和非语言信息

明确了具体问题及其相应对策后，你需要制订一份计划学习使用这些对
策。其中包括利用录音机或录像机进行练习、与另一个人进行角色扮演或讨
论预先设定的问题。这种讨论需要选择不会被干扰的时间和地点，和配偶或
亲密友人一起对某个问题进行讨论，对你想要掌握的沟通技巧进行练习。讨
论中你还可以融入一些能够促进沟通的小妙招，具体建议可以参考下页的专
栏，请尽量把这些小妙招应用到你的所有交谈当中。

你的沟通方式需要改进吗？

"金无足赤，人无完人。"这句至理名言不仅适用于我们所做的其他事情，也适用于沟通。有些沟通方式确实会让人反感。从本周开始请留意你和别人讲话的方式，看看自己多久会使用一次下面这些消极沟通方式。

- 唠叨。
- 说教。
- 打断。
- 批评。
- 讽刺。
- 威胁。

如果你在使用这些消极做法，请努力改进你的沟通方式。注意用下列沟通小妙招来取代以上那些消极做法。

- 表达清晰明确。
- 用"我"信息。
- 请听者对你所说的内容给予反馈。
- 关注积极面。
- 提出需要详细回答的问题，如"我很想听听……""你能详细告诉我吗?""你对……怎么看?""你能给我解释一下那个吗?"

要成为沟通能手很难，但是，只要你学会了本章介绍的这些技巧，就能改进沟通方式。这些技巧也会间接地改善孩子的行为，因为你会更有效地与孩子进行沟通，而且在与他人讨论孩子的相关问题时也会更有效。

Parenting the Strong-Willed Child ● ●

第 14 章
增强你的耐心

个性强的孩子的父母经常反映他们的耐心在不断地受到考验。他们不仅要承受一般父母的压力，还要对付苛求的孩子。这种无休止的要求会耗尽任何父母的耐心，因此，你有时会失去耐心，感到难过、沮丧或者生气，这都是正常的。

不过，作为个性强的孩子的父母，你常常处于一种两难的境地。一方面，孩子的苛求行为让你比一般父母更容易失去耐心，另一方面，他又比大多数孩子更需要父母的耐心。事实上，个性强的孩子更需要能冷静客观处理问题的父母。当你失去耐心时，也就失去了对孩子行为的有效控制。

失去耐心，对孩子发火，有时这似乎的确能解决眼前的问题。但是，从长远来看，如果你经常情绪失控，就会导致严重的问题。面对孩子，尤其是面对孩子的破坏行为，你越有耐心，对孩子的管教效果就越好。不过，说起来容易做起来难。本章我们将要讨论你对孩子的看法与你的耐心之间的关系。理解这种关系将有助于你学会如何变得更有耐心，从而成为更懂得教养技巧的父母。讨论过这种关系之后，我们将要介绍如何通过改变思维增强你的耐心。但是，即使学会了增强耐心的方法，有时你仍然难免会失去耐心。因此，我们还会讨论在你濒临爆发的边缘时该怎么做。最后，因为人们总是在感受到压力的时候更容易失去耐心，所以，在本章结尾，我们将会提供一些普遍适用的策略，帮助你尽量减少生活压力的消极影响。

耐心与你的思维方式

和孩子在一起时，你可能会体验到各种情感。有些是好的，有些不那么好。大多数父母认为，他们的情绪都是孩子的行为造成的。假如你的孩子在超市里发脾气，你会很生气。你可能会认为，是孩子发脾气导致你生气。但是，他发脾气这件事本身并没有直接让你生气。真正让你生气的，是你对他发脾气这件事的看法。

让我们一起来看看你看待孩子发脾气这件事情的不同方式。如果你的孩子在公共场所发脾气，而你认为他在公共场所应该要好好表现，那么你可能会觉得他很差劲，这会让你很生气，然后你会朝他大吼大叫。这是一种情况。另一种情况是，你可能会想，别人会因为你控制不了孩子而认为你是一个很糟糕的母亲。在这种情况下，你可能会质疑自己作为父母的能力，开始感到很沮丧，然后听任他发脾气，因为你没有信心采取任何行动来制止他。第三种情况，你可能会认为他发脾气是因为困了，需要小睡一会儿。这是比较正确的一种想法。在这种情况下，你可能不会难过，而是决定带他回家睡觉。

就像上面的例子一样，你的孩子的行为本身并没有让你难过或失去耐心，是你看待他行为的方式让你自己失去耐心。图 14-1 说明了这一点。

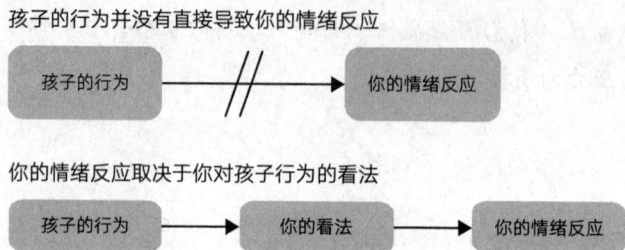

孩子的行为并没有直接导致你的情绪反应

| 孩子的行为 | // ──→ | 你的情绪反应 |

你的情绪反应取决于你对孩子行为的看法

| 孩子的行为 | ──→ | 你的看法 | ──→ | 你的情绪反应 |

图 14-1 父母情绪反应的原因

以下这些对孩子行为的常见思维方式往往会导致父母失去耐心：

- "我的孩子绝不应该有某些行为。"
- "如果我的孩子有某些行为，那我就是不称职的父母。"
- "如果我的孩子有某些行为，那很可怕，我不能忍受。"
- "我的孩子的某些行为是要折磨我。"
- "我的孩子应该总是表现很好。"
- "我的孩子总是要惹我生气。"
- "我必须生气才能纠正孩子的行为。"

看到上述思维方式，请对照一下自己的想法，一旦有类似想法，你就很容易对孩子失去耐心。如果你的确存在这些想法，那就请认真读一读下面的内容。

改变你的消极想法

每个孩子都偶尔会行为不当，或是做一些父母不喜欢的事。你的孩子出现不当行为本身并不可怕，是你觉得可怕它才变得让你害怕。这并不是说你应该无条件地接受或宽容孩子的不当行为。但是，你必须对孩子的行为持实事求是的看法，避免出现主观臆断的、消极的绝对思维。

当你开始对某件事以绝对的方式进行消极思考时，就会产生消极的绝对思维，常常会用到"应该""必须""总是"等词语。比如，你可能会想："我的孩子绝对不应该有不当行为。"但是，所有的孩子都会有不当行为。如果你认为你的孩子绝对不应该有不当行为，那么，一旦他出现不当行为时，你就会失去耐心，其实之前的想法只不过是你个人一厢情愿的设定而已。

许多父母会有消极的绝对思维。如果你也是这样，请努力改变这种想法。比如，如果你总是认为你的孩子绝不应该有不当行为，那么，在孩子出现不当行为时，请努力去想一些积极的事情。比如，你可以对自己说："我不喜欢他的这种行为，但是我可以处理。"另外，要努力认清现实，承认每个孩子都会有不当行为，你的孩子有不当行为，这也不是什么可怕的事。你可以不喜欢这种行为，但是要承认它会发生。这种行为不可取，但也并不可怕。你的孩子罹患致命重疾才可怕，相比这个，在超市里发脾气并不算什么!

我们再看看另一种常见的消极的绝对思维:当孩子出现不当行为时，认为自己会被其他人认为不称职。如果你有这种想法，请努力改变它。更现实的想法是，大多数父母都有过相似的经历，目睹此情此景，他们会对你的经历感同身受。即使他们不能理解，你也没有必要让陌生人认可你是好父母，你正在尽最大努力管教一个不听话的个性强的孩子。努力把你那些消极的绝对思维变成这些更加现实的想法吧。毕竟作为父母，你的价值并不只是体现在孩子在公共场所的行为之中。

有些习惯于抱有消极的绝对思维的父母发现，在孩子出现不当行为时，开始有意识地记住一些现实而有益的话很有帮助。以下内容可供参考：

- "即使我的孩子很懂规矩，他偶尔也会有不当行为。"
- "当我的孩子行为不当时，他的所作所为只不过是破坏了一条规矩。"
- "生气也无益于有效管理好孩子。"
- "虽然孩子的不当行为不可取，也让人恼火，但是并不可怕。"
- "如果可以保持冷静，我能更好地处理这种情况。"
- "我并不会只因为孩子破坏了一条规矩就成为不合格的父母。每个孩子都会破坏规矩。"

这种现实的自我对话有助于避免陷入习惯性消极思维陷阱。

另一种消极想法是对孩子的行为意图进行消极的设想。比如认为你的孩子做出不当行为是为了报复你所做的某件事。尽管偶尔可能的确是这么回事，但是，幼儿很少为了报复或是故意让你生气而做出不当行为。一旦你有了这样的设想，就更有可能会失去耐心。

努力不做最坏的设想。大多数情况下，幼儿只不过是为了得到他们想要的东西，或者是逃避他们不喜欢的事情才做出不当行为。他们的动机都是以自我为中心的，没有让父母难过的想法。这听起来可能不容易相信，但事实的确如此。

当你失去耐心时该怎么办

几乎所有的父母都难免会失去耐心。即使你很努力地改变自己的消极想法，有时也仍然会生气。如果你以绝对思维思考，认为自己应该总是很有耐心，认为一旦失去耐心就很可怕，那么，当你失去耐心时，你一定会感到难过、郁闷。

而在失去耐心时，变得难过郁闷并不会对你有所帮助。要承认，这虽然不可取，但也是人之常情。期待自己总是充满耐心并不现实。我们固然不应该为自己失去耐心找借口，但是要承认和理解，偶尔失去耐心是正常的。

既然未来你不可避免地会对孩子失去耐心，那么，如何才能尽量减少其负面影响呢？我们建议使用危害控制"4R"法：

- 认识（Recognize）到自己已经失去耐心。
- 离开（Remove）现场。
- 复盘（Review）整件事情的经过。
- 应对（Respond）。

第一步，尽快认识到自己已经失去耐心。因为我们每个人的反应不同，请努力明确你个人身上快要或已经失去耐心的信号。这些信号可能包括热血上涌、牙关紧咬、拳头紧握、心跳加剧、咒骂或是提高嗓门等。关键是要尽早确定，这样你才能更容易重新控制好自己。

第二步，认识到自己快要或已经失去耐心后，尽快抽身离开现场。如果你在家，或者在公共场所，但身边有可以临时照看你的孩子的成年人，你可以走开几分钟，这样效果非常好。当然，无论你有多么生气，都不能在无人看管的情况下把孩子留在可能存在危险的环境中，比如把孩子一个人留在公共场所。如果确实不能离开现场，你可以后退几步，离孩子稍远点，看点别的东西，不看孩子，深呼吸，尽可能地让自己冷静下来。同时像前面所建议的那样，针对孩子的行为，默念一些现实的想法。比如，"我的孩子破坏了一条规则。生气和失控无益于我有效地处理当前的情况"。这种积极的自我对话能够有效平复生气的情绪，让你恢复自控。

一旦你恢复自控，就请静下来简单地复盘整件事情的经过。想想刚刚发生的一切，思考一下你的想法是如何导致你失去耐心的，你该如何最好地处理当下的情况。然后，做出最有效的应对决策。

最后一步，面对现实，采取你认为最有效的措施进行应对。在你应对当下的情况时，请保持自控。如果你感觉到自己又要失去耐心了，重复一遍"4R"法：认识、离开、复盘、应对。

在使用"4R"法时，要尽快逐步推进，不要在某一步上纠缠过久。离开现场进行复盘时，不要纠结于所有的细节或所有可能的应对方法。如果你花太长时间复盘，可能会错失最有效的应对时机。问题解决后，你再进行详细的分析，思考一下你起初没有考虑到的可能的应对方法。事后在你更放松的状态下分析，通常能够想出更加有创造力的办法，有利于下次遇到类似情形时的处理。这时，向自己提问："我喜欢自己处理这种情况的方式吗？""下次再出现类似情况我会怎样处理？"

管理生活中的压力

　　除了对孩子行为的看法，其他因素也会影响你的耐心，尤其是各种压力源。你承受的压力越大，耐心就越少。如果你能减轻压力，或是能更加有效地管理压力，失去耐心的可能性就会降低。以下几种策略有助于帮你管理大多数成年人会面临的压力。

明确并减少压力源

　　诚然，我们无法根除生活中的诸多压力，通常必须接受并顶着健康问题和工作职责等诸多压力去生活。但是，生活中有许多小的压力源还是可以消除或减少的。

　　第一步，明确你的压力源。列一张压力源清单，写下对你造成影响的所有压力源，无论大小。浏览清单，标记出你可以改变或消除的压力源。比如，有些人因为承诺过多而倍感压力。如果你也是这样，那么要开始变得更加自信，减少承诺，学会说"不"。

　　记住，不只是像经济之类的"大事"才会导致压力。对某些人而言，日常的生活烦恼日积月累造成的压力最大。如果你也存在这种情况，请尽量减少生活中的小烦恼。组织计划是关键。努力安排好每一天。制订一份每日计划，尽量一次性处理完所有的琐事，而不是反反复复。这样能够大大地节省时间，减少压力。

　　总之，第一步是明确你能够改变的压力源，下一步是决定如何改变，然后就是行动。

休息一下或转换一下角色

如果要列举世上压力最大的职业，你可能会说警察、消防员或医生。这些职业压力固然大，但是从事这些职业的人也有下班充电的时候。他们很少一天工作 24 小时，就算持续工作了 24 小时，也会有补休。

再来想想父母这份职业，尤其是作为个性强的孩子的父母，一天 24 小时，一周 7 天，全年无休。生活中最小的压力源往往会产生最大的影响，尤其是当我们片刻也不能从这些小压力源中得到解脱时。从这个角度来讲，当父母是世界上压力最大的工作之一。许多幼儿的父母几乎没有时间从日常烦恼中得到片刻脱身。

作为个性强的孩子的父母，你必须偶尔让自己从父母的角色中走出来。不同的做法结果大不相同。无论你怎样做，主要目的是每周至少花几个小时去做自己喜欢的事，可以是你认为放松的事：小睡一会儿，读一本书，看一场电影，或是与朋友约会。其他放松方式也很好。对于有些人而言，偶尔转换一下角色或做点与日常育儿完全不同的事情最有好处。举个例子，出去做义工就是转换角色的方法之一。重点是去做自己真正喜欢做的事，这样你能就从日常育儿的节奏中跳出，定期得到休整。

学会放松

大多数人面临压力时会出现身体紧张的信号。常见症状有肌肉紧张、头痛、呼吸短促、血压升高等。管理压力的方法之一就是学会放松，减轻这些身体上的紧张感。

放松练习

这里介绍的技巧涉及想象和呼吸练习。仅凭这简短的介绍无法为你提供必要的技巧,达不到显著减轻你身体紧张症状所需的放松水平。但是,我们希望能够借此让你对放松训练有所认识。

在正式开始练习之前,请平躺或是坐在舒适的椅子上。关掉电视、收音机、计算机和手机等所有可能对你产生干扰的东西。选择你不会被打扰的地点和时间。

腿、手臂、头都要有支撑。双腿不要交叉。闭上双眼。摒弃一切杂念,专注于自己的呼吸。放慢呼吸,深度放松呼吸,让呼吸顺畅。也就是说,慢慢吸气,慢慢呼气,努力让呼吸平稳顺畅,努力抛去一切杂念,专注于自己的呼吸。

当你的呼吸变得轻松而有节奏后,想象身体细微的紧张正随着你的每次呼气排出体外。想象每次你呼气时,身体的紧张就被排出体外;想象你的脚、腿、背、肩、颈以及身体其他各处的紧张都在随着呼气排出体外。想象每次你吸气时,小小的放松波流从头至脚遍及全身。

努力持续这样练习几分钟。然后想象一个放松的情景。对有些人而言,或许是躺在沙滩上,对另一些人而言,又或许是躺在田野里仰望云朵。具体是怎样的情景并不重要,重要的是能够让你感觉到放松。你应该在做这个放松练习之前就想好情景,免得练习中再花费时间和精力去想。最重要的是要记住，在你想象情景时要调动所有的感官，想象自己真正置身那里，不只是想象视觉情景，还要想象出声音、气味和感觉。比如，如果你想象自己在沙滩上，要想象冲浪的声音，想象鸟儿以及在远处玩耍的孩子们，想象海水的气息，甚至还有防晒油的气味。想象太阳晒在皮肤上的感觉、海风吹过你身体的感觉。你要努力全身心沉浸于身在沙滩的想象之中。

想象5~10分钟，或许还可以更多，之后你可以慢慢睁开眼睛，专注地感受一下自己有多放松。

你可以利用这些放松练习来暂时缓解日常生活中的压力。可以把这当作短暂的小睡，它能够让你的身体得以放松和充电。经过一段时间的练习，许多人都学会了在紧张的时候用这些技巧让自己迅速进入放松状态。

很多人认为他们懂得如何放松。但是，有效放松不仅仅只是坐在电视前喝杯咖啡或者和朋友一起喝酒。这些活动只不过是将人的注意力暂时从压力中转移，最多算是帮助应对压力，并不能够减轻身体的紧张。

对抗身体紧张的有效办法是学会并加强具体的放松练习。放松练习有许多种，有些涉及学习绷紧和放松某些特定肌肉群，有些涉及呼吸和想象技巧。想要达到最好的效果，必须每天进行练习。

有效放松的方法多种多样。有些心理健康专业人士会专门教授这些技巧。医院、社区大学或其他机构可能会提供一些放松或压力管理类的课程。或者你也可以在书店或网上购买相关书籍自学。

学习有效解决问题的策略

无论是工作中或是家庭中的问题，都会给我们带来压力。如果我们不知道该如何处理这些压力，就会感到不知所措。如果你学会并练习使用解决问题的策略，就不太可能感到崩溃。解决问题的流程包括以下步骤：

- 努力放松，保持冷静。
- 明确具体问题。
- 列出一张清单，写出所有可能解决问题的方案。
- 评估清单上的所有方案。
- 选出你认为最好的一种方案。
- 实施你所选择的方案并对结果进行评价。

要有效使用这些流程，就必须努力保持放松。你越紧张不安，思路越不清晰，解决问题的效果就会越差。冷静下来后，认真明确具体问题。之所以不能有效地解决问题，是因为我们往往只看到问题的表象，而没有看清问题的本质。一旦你找准了问题，就请列出所有可能解决问题的方案。这时，不要去考虑哪个方案好，哪个方案不好，也不要去考虑方案是否现实。你只需要来一场头脑风暴，想出尽可能多的方案。

绞尽脑汁地列出方案清单后，请对清单上的方案进行评估，分析每种方案的可行性及其能否达到预期效果，同时也要考虑每种方案可能会产生的负面影响。对所有方案进行综合权衡，选出你认为最佳的方案。有些人总是难以决定，因为每个方案都不完美。如果你也是这样的人，请提醒自己，任何问题都没有完美的解决方案（就像没有完美的孩子一样），你必须选择一个最佳的可能方案。一般情况下，如果你不能选择并实施一种方案，你的压力就会持续存在。最后，实施完你所选择的方案，请对你的决定和结果进行评价。如果你所选择的方案不错，要表扬自己。如果你所选择的方案不佳，就当作一次学习，再想想其他有可能更加有效的方案。

睡眠充足

每个人都偶尔会感到疲劳，但是，如果经常或者总是感到累就有问题。大多数人在累的时候都会缺乏耐心。如果你也是这样，就可能很难客观地看待事物并使用问题解决技巧。相反，你很可能会对某种情况反应过激。疲劳会引发问题，而这些问题会导致更大的压力。如果你也存在压力问题，就必须好好休息，然后才能有效处理你所面临的压力情况。

努力养成一贯的作息时间，让自己睡眠充足。大多数人都是每天晚上熬到半夜，早上 6 点起床，睡眠时间太少。如果每天不熬夜，保证充足的睡眠，最终你会收获更多（尤其是在生活质量方面）。保证充足睡眠的办法之一就是保持一贯的作息时间。

如果你入睡困难，可能需要使用本章前面介绍的放松技巧。另外，请控制你躺在床上的时间，床只用来睡觉，不要躺在床上看电视、看书、吃东西或做文字工作。到其他房间去做这些事情。这样，床就只会让你联想到睡觉，上床后才会较快入睡。记住，如果你睡眠充足，就会神清气爽，看待事物就会更加积极，解决起问题来也会更有成效。

饮食均衡

你可能听说过这句话："人如其食。"这句话或许有争议，但是，不可否认的是，你的饮食影响身体机能运行。均衡的饮食能为你提供必要的营养，让你能量充沛、身体健康、各项机能运行正常。不良饮食会让你能量不足、无法抵御疾病的侵袭。

许多人在面临压力时往往会吃更多的垃圾食品，很少吃营养丰富的食物，这是压力与饮食的主要问题之一。压力越大，饮食习惯越差。饮食习惯越差，你的身体就越难支撑你去有效解决压力。这样就会形成恶性循环。所以，要注意饮食的均衡和营养，特别是在面临压力时，更要加倍注意。

锻炼

像营养一样，身体素质对你的整体健康也很重要。你身体素质越好，处理压力的能力就越强。但是，当我们面临压力时，很多人都减少了体育锻炼的时间。越不锻炼，身体素质越差，压力对身体造成的影响就越大。

许多经常锻炼的人认为锻炼有助于管理压力。也有越来越多的科学证据表明，锻炼的好处不仅仅是提高身体素质。当运动量达到一定水平时，人的体内会释放胺多酚（让身体"感觉很好"的激素）。你应该制订锻炼计划，并坚持下去，尤其是在压力增大时，更有必要坚持锻炼。

建立后援体系

不要试图独自承担一切！有时生活很艰难，压力很大，你需要向别人寻求帮助，包括向别人倾诉或找人临时帮你照看孩子等。你可以和那些在你面临压力时能够对其倾诉的对象保持联系，也可以与那些可以临时帮你照看孩子、为你提供实际帮助的人保持联系。记住我们在第 12 章中提到的那句谚语："养育一个孩子要举全村之力。"不要害怕向别人寻求帮助。当然，有效的后援体系应当是双向的。确保你也能够回报那些帮助你的人，否则你的后援体系就会坍塌。

保持幽默感

人们在压力之下往往会失去幽默感，他们看不见生活中的趣味。这很糟糕，因为幽默是管理压力的有效方法之一。笑对人生，笑对自己，幽默真的能帮助我们客观地看待发生在自己身上的一切。笑也可以消除紧张、让我们的感觉变好。不要过于严肃，请努力去寻找幽默。有时笑声真的是最好的药方。

当家里有个性强的孩子时，你更需要大剂量的幽默。这样的孩子真的很考验你的耐心。但是，如果你了解自己想法可能会产生的影响，并在必要时改变自己的想法，你失去耐心的可能性就会变小。当你确实失去耐心时，使用 "4R" 法，尽量减少其负面影响。最后，通过评估并尽量减少生活中的压力，你可以增强耐心，让生活充满乐趣。下页的专栏总结了我们所建议的 9 种管理压力的方法。培养对个性强的孩子的耐心不容易，但是，你一定可以做到。

Parenting the Strong-Willed Child

管理生活中的压力

- 明确并减少压力源。

- 休息一下或转换一下角色。

- 学会放松。

- 学习有效解决问题的策略。

- 睡眠充足。

- 饮食均衡。

- 锻炼。

- 建立后援体系。

- 保持幽默感。

第 15 章
个性强的孩子更需要自我肯定感

　　吉姆和乔恩是一对 5 岁的双胞胎，他们与父母及一个婴儿妹妹住在一起。幼儿园的老师表示，两兄弟是非常受欢迎的学生，他们学习成绩名列前茅，都有着超乎常人的艺术天分。他们的身高和体重处于一般水准，虽然体育运动能力低于平均水平，但是，他们还是参加了许多运动。两个男孩与他们的父母及妹妹关系都十分融洽。老师和父母都认为他们有吸引力、受欢迎、有天赋。

　　你认为吉姆和乔恩的自我肯定感会怎样呢？说出来你可能会大吃一惊，大家发现，吉姆的自我肯定感极高，而乔恩的自我肯定感则低于常人。怎么会这样呢？

如何建立自我肯定感

　　孩子的自我肯定感在婴幼儿时期就开始建立，终身都在不断地发展。作为父母，你每天都有机会帮助孩子建立积极的自我肯定感。

在了解影响积极自我肯定感建立的主要因素之前，我们先一起来仔细地研究一下自我肯定感。自我肯定感与自信密切相关。和成年人一样，孩子可能在某些方面有着积极的自我肯定感，而在另一些方面则不然。比如，孩子可能会对自己的受欢迎程度及社交能力有积极的自我肯定感，但对自己的学习能力则有消极的自我肯定感。

虽然自我肯定感可以分为不同方面，但是，我们说到孩子的自我肯定感时一般是指孩子的总体自我肯定感。换句话来说，就是他对自己为人的总体感觉如何。总体自我肯定感取决于他在各方面的成就以及他自己最看重哪些方面。孩子即使在大多数方面都能积极地评价自己，他的总体自我肯定感仍然可能是消极的。本章开篇例子中的乔恩和吉姆的自我肯定感不同，这是因为两个男孩所看重的方面不同。乔恩认为身体条件和运动能力是最重要的个人素质，他想成为著名的运动员。尽管在其他方面表现都很优秀，但是，由于他在自己最看重的方面表现不佳，所以总体自我肯定感偏向消极。而吉姆将受欢迎程度和学习成绩看作最重要的个人素质，身体条件和运动能力次之，所以，他的总体自我肯定感非常积极。

从吉姆和乔恩的例子中，我们可以清晰地看出影响孩子自我肯定感本质的两个主要因素：孩子在各方面（如社交、学习成绩或体育运动等）的成就或能力水平以及对他在自己认为最重要技能方面的相对评价。因此，作为父母，你应该努力帮助孩子培养必要的技能，充分展示他的才能，关注他的长处，尽量减少他的短板，并帮助他欣赏自己的长处。

积极自我肯定感为何重要

帮助你的孩子建立积极自我肯定感很重要。孩子的自我肯定感，关系到他生活中的各种积极结果，其中包括好成绩、良好的人际关系和抵抗同伴压力的能力等。与有消极自我肯定感的孩子相比，有积极自我肯定感的孩子往往在生活的各方面都更成功。

有些人认为，并不是因为有积极自我肯定感才取得好成绩，而是因为成绩好才有更高的自我肯定感。这种说法不完全对。自我肯定感与生活中的成功相辅相成。你不仅要注重通过教授孩子必要的技能来帮助孩子取得成功，还要注重帮助他积极地看待自己的能力。

建立积极自我肯定感的方法

对个性强的孩子而言，建立积极自我肯定感尤为重要。许多个性强的孩子经常从别人那里得到消极反馈，却很少得到积极反馈。久而久之，孩子的自我肯定感就会遭到打击。因此，作为父母，你要更加努力地帮助孩子建立积极自我肯定感，这很重要。我们一起来看看你该如何做。

鼓励孩子的兴趣和能力

我们每个人都有自己的长处和短板，感兴趣的事情也各不相同，孩子们同样不例外。作为父母，从孩子幼年开始，你就应该让他多接触一些事物，多参加一些活动。同时，你还必须知道他最感兴趣的是哪些事物，了解他的长处和短板。随着他逐渐长大，继续让他接触不同的事物，同时，在他表现出极强禀赋或能力的领域，要大力鼓励和培养他的技能。对有些孩子来说，这可能是某种体育运动技能。对另一些孩子而言，这也许是某种特别的爱好或艺术等方面的技能。

在孩子表现得特别有希望取得成功的方面努力进一步培养他的能力和兴趣，这很重要。这将有助于增强他的自信心，让他感觉自己至少在某一项活动上比同龄人更出色，至少不比别人差。这并不意味着你应该只让孩子专注于某个领域。事实上，你应该让他多参加各种活动，多接触不同领域。但是，随着你的孩子不断长大，他的兴趣和特别才能会逐渐突显。这时，你应该鼓励他将时间和精力专注于那些自己感兴趣并且擅长的领域。

请认真帮助孩子追求他自己的兴趣，而不是你的兴趣。

经常鼓励和表扬孩子

所有父母都希望他们的孩子能欣赏自己、肯定自己。要实现这一愿望，方法之一就是经常鼓励和表扬孩子的努力。如果你自认为做到了这一点，那么，再好好想想看，事实是否真的如此？以我们的经验来看，很多父母都会认为他们对孩子的表扬和鼓励足够多，而实际上，他们真正做到的往往并没有自己所认为的那么多。虽然他们经常对孩子抱有积极的想法，但是，很多时候，他们并没有好好地与孩子沟通这些想法。

每天都有意识地努力增加表扬和鼓励孩子的次数。关于如何表扬和鼓励孩子，下页的专栏给出了一些参考建议。尽量不要总是重复使用一两句表扬的话，换一些不同的方式来鼓励和表扬，效果会更好，比如，可以用击掌、拍背、揉头发和拥抱等身体语言进行鼓励和表扬，这些非口头语言表达特别有力量。当你练习这么做时，别忘了用上在 5 周教养方案的第 2 周中所学的技巧。

鼓励和表扬孩子的方法

- "太棒了!"
- "你做得真棒!"
- "太好了!"
- "你应该为自己感到自豪!"
- "做得好!"
- "哇!"
- "你真棒!"
- "你每天都在进步!"
- "你能做到!"
- "棒极了!"
- "你快要大功告成了!"
- "你做到了!"
- "你做得太好啦!"
- "你轻而易举就做到啦!"
- "你最棒!"
- "干得漂亮!"

认可孩子日常的成绩

我们都期待自己的成绩被认可。请确保自己做到了这点，不要等到孩子取得特别优秀的成绩时才给予肯定。除表扬之外，请想点其他办法对他的成绩给予进一步认可。比如，把他在幼儿园或学校的艺术作品（也可以是其他作品）贴在冰箱门上。还可以考虑从他最好的作品中挑出一些进行装裱，把装裱好的作品挂在家里。当家里有客人来访时，这就是一个大话题。把他做的或搭建的作品摆放在家里的显眼位置。如有可能，带一份孩子的作品到你的办公场所，这样，如果某天他来到你的办公场所，就能看到自己的作品。另外，还可以把孩子的作品送给祖父母、外祖父母或其他亲戚朋友。在一些特殊场合，还可以让孩子亲自为家人和亲友制作礼物。

通过认可孩子日常的成绩，你能帮助孩子注意到自己的能力，鼓励他继续努力。通过展示孩子的作品，让其他人也认可他的成绩，这样能够增强孩子的成就感。注意，不要只关注最后的成品，还要关注孩子为作品付出努力的过程。

鼓励孩子自己做决定

作为父母，我们的目标之一就是帮助孩子培养自律。最好从孩子幼年开始鼓励他自己做决定，这不仅能够帮助他培养自律，还能帮助他建立积极的自我肯定感。通过做决定，孩子会形成自控感和成就感，久而久之，就会形成能力感和自我价值感。如果作为父母，你为孩子包办一切，长大后，他就会出现决策困难症。他所接收到的信息可能是他没有能力自己做决定，或者你不相信他的决策能力。而且，他永远都没有机会体验做出好决定后的成就感和做出坏决定后的挫败感。

我们并不是建议让幼儿负责他们生活中的重大决策或是大部分决策，而是主张从孩子非常小的时候开始，就应当让他承担一些决策责任。比如，在幼年时期，你可以让他自己决定在两件衬衫中选择穿哪一件。限制可供他选择的数量，你可以这样说："你喜欢这个还是这个？"太多的选择会让孩子不知所措，也会让你崩溃，特别是你需要无休止地等他做决定！如果他能一贯很好地从两个选项中做出选择，那么，在做决定时可以逐渐给他增加选项。随着孩子慢慢长大，给他更多机会，让他在生活中的更多方面自己做主。总之，孩子从幼年开始就应当学会自己做决定，随着年龄增长，孩子自己决策的范围应当越来越宽。

让孩子适度冒险

父母总是想保护孩子，让他们避免失败。然而，如果你总是保护孩子，不让他去冒失败的险，这对他其实也是一种伤害。当然，我们所讨论的并不是让孩子冒险去参加危险活动。一方面，不能让孩子过多地去冒险，另一方面，也不要害怕让孩子体验失败。通过冒险，孩子会知道他可以完成那些他自认为无法做到的事情。成功的冒险能建立积极自我肯定感。对你来说，关键是要努力确保孩子的大多数冒险都有积极的结果。

举个例子，大多数父母都不会让他们 3 岁的孩子把易碎的盘子从餐桌端到厨房的洗碗池。但是，如果你认为你 3 岁的孩子可以做好这件事，认为他多半不会摔碎盘子，就不妨让他试试看。如果他成功地将盘子完好无损地放到洗碗池中，就表扬他，并告诉他，你非常感谢他能在家里当小帮手。在这种情况下，通过完成他以前从来没有做过的事，你的孩子不仅可以体验到成功的喜悦，还能体验到你的表扬。于是，他会对自己的能力感到更加自信，为自己能帮忙做家务、给家里做贡献感到高兴。

如果他不小心摔坏盘子怎么办呢？你应该知道存在发生这种情况的风险，提前做好心理准备。万一孩子摔坏盘子也不要难过，将打碎盘子看作一次意外，客观冷静地处理。和其他任何单一事件一样，这次端盘子失败也不太可能会对孩子的自我肯定感造成重大影响，只有反复失败才会摧毁自我肯定感。这也是你想要孩子大多数时候都能够成功的原因所在。不过，学会如何看待失败也很重要。如果你从来都不让他体验失败，日后，当你再也不能保护他免遭失败时，他很可能会陷入困境。因此，要把孩子的失败当作教会他正确看待失败的机会。教会他从失败中吸取经验教训、客观地看待失败，要表扬他的努力过程而不只是结果。在他遭遇失败后，立即让他尝试能成功完成的任务。最后，让你的孩子知道，失败的原因很多，并不是因为他不好。

总之，从冒险及成功完成某项新任务的过程中所获得的信心，真的能够极大地提高孩子的自我肯定感。同时，幼年生活中经历一些失败也不是坏事，尤其是如果父母能帮助孩子把无关紧要的失败当作学会正确看待失败的机会，孩子将从中受益匪浅。

让孩子承担责任

在第 12 章我们已经讨论过，孩子在成长过程中，需要有为家庭做出贡献的意识。为了让孩子产生这种意识，从孩子幼年开始，你就应该让他承担一些家庭责任。对大部分家庭而言，让孩子承担家庭责任具体来说可能是让他在家里负责一些具体的家务劳动。对幼儿来说，这么做的初衷并非是要让他把事情做到尽善尽美，而是要帮助他培养成就感，为家庭贡献力量。具体建议请参考下页的专栏。

建议让幼儿做的家务

- 帮忙准备餐桌。对很小的孩子而言，起初可以只是在餐桌上给每个人放一张餐巾。
- 收拾玩具。
- 帮忙给树木花草浇水。
- 帮忙掸尘。
- 帮忙用吸尘器打扫卫生。可以帮忙推吸尘器或是移开地毯上的鞋子等物品，以便父母打扫。
- 把他的脏衣服放到洗衣篮或脏衣篓等指定的地方。

你可以让孩子负责掸拂客厅家具上的灰尘，这么做的目的是让他从帮忙做家务中获得好的体验，而不是要他把家具擦拭得一尘不染。刚开始，你可能会需要给他一些鼓励和表扬，帮助他从除尘和帮家人做家务中获取积极的体验。久而久之，出于对家庭的责任感，他会越来越喜欢这项工作。

许多家庭的父母总是等到孩子稍大一些时才让他参与家务劳动。而到那时，孩子对参与家务劳动往往会缺乏责任感，这会让父母很沮丧。孩子的责任感和为家庭做贡献的意愿要从小开始培养。

记住，关键是不要太关注幼儿做家务的结果。起初，你可能需要对孩子所做的事情进行返工。如果确实有必要返工，不要让孩子看见。如果他看见你返工，就会觉得自己不能把这项工作做到令你满意。这会适得其反，会削弱而不是增强他的自我肯定感。对幼儿来说，重点是帮助他培养想要动手帮忙的意愿。随着他慢慢长大，你可以再逐渐开始引导他如何正确地做好一件事。

不要苛求完美

有些父母认为，孩子如果不完美，他们作为父母的形象就会不好。如果你也这样想，那么一定要认清一个现实：没有完美的孩子，正如没有完美的成年人或完美的父母一样。我们每个人都有优点和缺点。如果你期望自己完美，就注定遭遇失败。同样，如果你期望孩子完美，也注定会失望，你的孩子也会知道，他永远都无法达到你的期望。于是，他就会生出永远无法让你满意的无力感。又因为大多数孩子都希望让他们的父母满意，这样就可能会导致孩子形成消极的自我肯定感。另外，给孩子过多的压力，一味地想要孩子变完美，往往会事与愿违，还会导致他变得愤怒和叛逆。

不要苛求完美。鼓励孩子尽自己最大努力。记住，你的孩子需要知道你无条件地接受他。

在描述孩子时避免使用绝对性词语

尽量避免使用绝对性词语评价你的孩子，尤其是一些带有消极含义的词语。避免说你的孩子"总是"犯错或"从来没有"做过正确的事情。比如，不要说"你总是这样邋遢"或"你从来没有尊重过我"。父母在对孩子所做的某件事感到沮丧时，通常会用类似的绝对表述。如果你在跟孩子讲话或和别人谈论孩子时使用绝对词语，他可能会开始认为自己确实"邋遢""不尊重"，就像你给他贴上的其他标签一样。如果他认为你对他有成见，就会失去改变的动力。

不要使用绝对词语，不要贴标签，要关注孩子在特定情况下的行为，就事论事。不要说"你总是这样邋遢"，你可以说："今天下午你真是把房间弄得一团糟。"这样就没有给孩子贴上邋遢的标签。

尽量少给孩子负面反馈

无论孩子还是大人，没有人喜欢被批评。但是，许多父母往往对孩子的负面表述多过正面表述，尤其是个性强的孩子的父母。你可能会发现自己总是反复在说"不""不要做那个""住手"等类似的话。

在有些情况下，父母一开始可能是在给正面反馈，可到最后就变成了负面的。最典型的就是反转赞美，在这种赞美中，父母起初是在给正面反馈，但后面话锋一转，变成了负面反馈。有的父母可能会说："杰克，你把玩具收拾得很好，但为什么你不能每次都这样呢？很多时候都要我一遍又一遍地提醒你收拾玩具。如果你能够马上把玩具收拾好，我也就不会抓狂、不会朝你吼叫了。"很遗憾，孩子会认为这种反馈是批评和唠叨，会铭记在心。反转赞美的效果与你想要的恰恰相反。

给孩子的反馈尽量以正面为主。每次你给了孩子负面反馈，尽量再给他3～4倍的正面反馈。虽然这对你来说会是一种挑战，但是它能够增强孩子的自我肯定感，也帮助你看到孩子个性强行为的积极面。尽量在孩子表现出决心、独立、果断和自信的行为时给予正面评价。

另一种负面反馈就是过度使用"不"。许多父母习惯对孩子的一些小小的要求说"不"。有时听起来他们像是在不断播放一连串"不"的录音。有句俗语可以解决我们经常对孩子说"不"的问题：尽可能地说"好"，必要时才说"不"。

不要许下你可能无法兑现的承诺

当你对孩子反复承诺，却又反复食言时，孩子可能会认为你对他不够关心和尊重，所以才不遵守诺言。如果发生这种情况，他就会开始怀疑自我价值。当孩子开始怀疑他自身的价值时，他的自我肯定感就会受到损害。

必须遵守诺言的另一个重要原因是，你希望在孩子眼里是一个诚实、说话算数的人。作为父母，如果你诚实守信，你的孩子也会养成这些优秀品质。长期来看，这些优秀品质有助于他保持自我肯定感。

遵守诺言最保险的方法就是承诺前三思。在承诺前先问问自己："我是否一定能够信守诺言？"如果你不确定，就不要承诺。

教会并鼓励孩子正面评价自己

尽量鼓励你的孩子正面评价自己。当他很好地完成一件事情时，教会他说"我做得真棒"之类的话。怎样教会孩子使用这种正面的自我评价呢？在第 2 章中我们已经解释过，最有效的教育方法就是示范。为示范正面的自我评价，你需要寻找一天中能够大声自我表扬的时机。在日常生活中，这种时机随处可见，你可以在完成某件日常小事后进行自我表扬，而不必等到自己偶尔真正有不俗表现时才自我肯定。比如，你可以说："我觉得我刚刚做的三明治真是棒极了！"如果你听到孩子对自己所做的某件事情给予正面评价时，一定要对其表示认可与赞同。孩子给自己的正面评价越多，就会越相信这些正面评价，这种积极的自我感觉就会随之内化于心。

你也可以通过给孩子正面反馈的方式，鼓励他使用更多正面的自我评价。比如，与其说"我真为你……而感到自豪"不如说"你应当为自己……感到自豪"，这种积极的反馈能够帮助他将积极的自我感觉内化于心。将这种反馈和你对孩子感受的反馈相结合，最好是给予能同时传递这两种信息的反馈，既能表达你对孩子成绩和行为的感受，又能表达孩子自己所应有的感受。

高质量地陪伴孩子

花时间陪伴给孩子传递的信息是，你爱他，喜欢和他在一起。很难说父母应该陪伴孩子的理想时间是多长。不同的家庭有不同的时间限制。但是，你应当在有限的条件内尽可能多地陪伴孩子。

比陪伴孩子的时间长短更重要的是陪伴孩子的质量。花几个小时和孩子一起看电视并不是高质量的陪伴。高质量的陪伴包括与孩子一起玩耍，给他完整的关注。在第 12 章中我们已经讨论过，与孩子一起玩耍非常重要，因为它所传递的信息是你爱他、重视他。这种正面信息会增强孩子的自我肯定感。

接纳孩子

一段充满爱与关怀的关系，其重要组成部分是知道尽管自己有许多缺点，但仍然被接纳。孩子需要感觉到父母对他无条件的爱。请经常对孩子表达对他的关爱，让孩子知道，尽管有时不喜欢他的某些行为，但你仍然爱他。不要把孩子的行为等同于他的个人价值，这对于个性强的孩子而言尤其重要，因为他们的行为总是会制造事端。

综上所述，我们已经为你提供了许多可以增强个性强的孩子自我肯定感的方法，归纳如下：

- 鼓励孩子的兴趣和能力。
- 经常鼓励和表扬孩子。
- 认可孩子日常的成绩。
- 鼓励孩子自己做决定。
- 让孩子适度冒险。
- 让孩子承担责任。
- 不要苛求完美。
- 在描述孩子时避免使用绝对性词语。
- 尽量少给孩子负面反馈。
- 不要许下你可能无法兑现的承诺。
- 教会并鼓励孩子正面评价自己。
- 高质量地陪伴孩子。
- 接纳孩子。

上述技巧非常重要，因为孩子的自我肯定感与他的行为及其所接收到的反馈密切相关。除了本章所提供的这些技巧之外，第二部分所学的改善孩子行为的育儿技巧也会提高他的自我肯定感。

Parenting the Strong-Willed Child ●●

第 16 章
教孩子一些基本的社交技巧

许多个性强的孩子都很难与其他孩子或成年人顺畅交流，你可能对此深有体会。在我们的 5 周教养方案中，你所学到的那些技巧有助于你从总体上管理和改善孩子的行为。在本章，我们将重点讨论一种方法，这种方法能帮助你教会孩子正确引起别人注意、依次等候和分享等基本社交技能，这些社交技能可以帮助孩子改善自己与他人之间的人际关系。本章提供的这种方法适合对 5 岁以上的孩子使用，因为孩子在 5 岁这个年龄才开始能够更加有效地思考如何管理他们自己的行为。

首先，我们将讨论教授社交技能的基本方法，然后举例说明如何使用这种方法来教授上述技能。需要注意的是，倾听这种基本技能的教授和示范将贯穿所有社交技能教学的全过程。在你的孩子学会基本的倾听步骤（比如，看着我，闭上嘴，竖起耳朵）之前，不要教授其他社交技能。倾听是学习其他社交技能的基础技能，父母应当不断地给孩子示范。别忘了，轮到孩子讲话的时候，你也要认真倾听。

教授孩子社交技能的基本步骤

教授孩子社交技能有 5 个基本步骤：讲解、示范（展示）、让孩子角色扮演、给孩子信息反馈、鼓励孩子练习。

讲解

首先，与孩子进行眼神交流，把你的全部注意力放在他身上。给孩子时间，让他专注于你和你将要说的话。然后，简单地说明和讲解你将要给孩子教授的技能。记住，在讲解技能时，要清晰具体、言简意赅。另外，简单介绍一下技能即可，不要长篇大论地讲解技能的重要性。

示范（展示）

通过观察别人，幼儿能够更好地学习社交技能。事实上，他们会模仿周围人的行为，无论好坏。示范就是给你的孩子提供机会，让他观察你如何使用这种技能。通过行为示范教会孩子与技能相关的所有步骤（大声说出你的所做所想）。在示范技能时，一定要多列举几个使用技能的情景，并确保你的孩子能够理解你所使用的情景。不要太严肃，可以寓教于乐。

让孩子角色扮演

在将所学技能应用到实际生活中之前，孩子需要进行练习。这样，你才有机会给孩子反馈，帮助他提高技能水平。在角色扮演的过程中，你可以扮演成另一个孩子（或成年人）来帮助孩子练习。你可以把角色扮演变成一场迷你剧，让孩子帮忙搭建舞台，让他决定在哪儿"表演"，你们都需要哪些道具，你该怎样扮演你的戏份等。换句话说，让你的孩子全程参与。记住，不要简单地告诉孩子该怎么做，他正在进行社交技能练习，也在用行动告诉你，他知道该怎么做。要想让角色扮演成功进行，最重要的就是让它有趣。如果你把气氛搞得太严肃，孩子就不愿意参与。

给孩子信息反馈

角色扮演结束后，请立即给孩子积极的信息反馈，告诉他做得好的地方。在第7章我们已经学过，表扬要具体（告诉他具体哪里表现好），这很重要。比如，你可以说"太棒了！在我说话时，你全神贯注地看着我"或者说"哇，你好安静"。如果他还有待进步，就简单明了地指出他可以进步提高的地方，总体上要以积极鼓励反馈为主。也可以让他再进行一次角色扮演（"我们再来试一次吧"），专注于他的进步（"我就知道你能行"）。记住，你的信息反馈和积极强化将会改变孩子的行为。角色扮演整个过程中的每一步都需要耐心和强化，这非常重要。

鼓励孩子练习

当孩子与别人一起玩耍时，鼓励他练习所学的社交技能。尽量让他从那些你认为他能够取得成功的社交场合（比如，当他与相处融洽的孩子们一起玩耍时）开始练习。在他有机会练习技能之后，问问他是否已经尝试使用所学的社交技能。如果他已经使用过，问问他感觉如何。对他所反馈的积极信息要给予鼓励。如果他说表现不理想，就和他一起讨论该如何改进。你可以再使用示范和角色扮演的方法帮助孩子解决具体问题。如果你的孩子似乎受到打击，你可以说："我知道这很难，但是我相信你能做到。"这些语言让你继续保持积极和鼓励，给孩子提供支持和力量。

下面，我们将举例说明该如何正确应用 5 步法教会孩子基本社交技能。以下范例涉及正确引起别人注意、依次等候、分享三个基本社交技能。这种办法同样适用于教会孩子其他各种社交技能，帮助他改善与同龄人和成年人之间的社会交往。

范例 1：正确引起别人注意

对于幼儿来讲，引起别人注意，以便提问或加入一场交谈，这种能力十分重要。许多个性强的孩子很难以恰当的方式引起别人注意。他们常常会用打断或强求的方式让别人听他讲话。教会孩子正确地引起别人注意，这是一项重要的社交技能。下面我们一起来看看，父母该如何使用 5 步法教会孩子这种技能。

　　妈妈：你是否曾在某个人正忙着和其他人说话时想问他问题呢？

　　孩子：（点点头）是。

　　妈妈：好，那我们一起来玩个游戏，学习一种好办法，这样你就可以吸引别人的注意，向他们提问了。首先，当别人正在忙着和其他人说话时，除非你有非常重要的问题要问，否则，不应该打断别人。（母亲稍做停顿，让孩子有时间思考她刚刚所说的话。）然后，你应该等到他们讲话暂停片刻的时候再开始说话。你可以说"对不起"。现在，我们一起来做个游戏，学习一下该怎么做，你准备好了吗？

　　孩子：我们要怎么玩这个游戏呢？

妈妈：我们假装在你的学校里。首先，你扮演伍德老师，她在课间休息时正和另一位老师说话。我就假装是你，你想要问伍德老师一个问题。你准备好了吗？

孩子：准备好了！

妈妈：好，你开始扮演伍德老师，你正在和另一位老师说话。（鼓励孩子大声说话，假装在和另一位老师交谈。如果他觉得这样做有难度，不知道该说些什么，可以给他一些建议。）

妈妈：（学她儿子的样子说话。）我真想问问伍德老师我能不能去一下卫生间，但是她正忙着和戴维斯老师说话。（妈妈开始朝她儿子走过去。）我得走到她身边站着，等她看我。等她停止讲话时，我可以说"对不起"，然后问她我可不可以去一下卫生间。（妈妈走到她孩子身边站着，等他停止说话，然后看她。）对不起，伍德老师，我可以去卫生间吗？

孩子：可以，你去吧。

妈妈：我表现得怎么样？

孩子：很好！

妈妈：现在我们交换一下角色。这次你就是你，我假装是你的老师。

然后和孩子把同样的情景再角色扮演一遍。母亲对孩子给予积极反馈和鼓励。记住，消极反馈信息一定要简洁明了。孩子成功完成一种情景的角色扮演之后，再转入另一种情景（侧重于同一种社交技能）的示范和角色扮演。比如，你们可以扮演如何得体地打断另一个小孩，问他你是否可以玩他的某个玩具的情景。记住，孩子的注意力集中时间很短，我们建议你每次角色扮演的时间不超过 5 分钟。教授这些技能的关键在于重复性和趣味性。

范例 2：依次等候

　　和孩子一起讨论依次等候的难度，解释安静等候（不要生气，也不要打扰其他人）的重要性。讨论在等候期间他可以做哪些事情，比如，回想一下他所认识的所有字母，看看周围的人都在做什么，想想有趣的事等。鼓励他，告诉他你相信他能够学会依次等候。然后示范和角色扮演的可能情景，比如在学校操场上排队等候玩滑梯。

　　下面是一个例子：

　　妈妈：一次可以几个小朋友一起滑？

　　孩子：就一个。

　　妈妈：那是规定吗？

　　孩子：是的，我们老师说的。

　　妈妈：排队等候太难了，是不是？

　　孩子：是的！

　　妈妈：我们一起来玩排队等候的游戏吧。我假装是你，排队等着玩滑梯。你假装是你的朋友乔伊，他也在排队。

　　孩子：好。

　　妈妈：（妈妈假装是儿子，模仿儿子的嗓音说话。）我得深呼吸，慢慢地数到 5。1……2……3……4……5。然后我要对自己说"我可以等"。我表现得怎么样？

　　孩子：妈妈，你表现真棒！但是我可以数到 10。

　　妈妈：我就知道你可以！现在你来扮演你自己排队等候，你可以想数到多少就数到多少。

　　孩子：好。（随后孩子开始角色扮演这项技能。妈妈扮演乔伊，站在虚拟的队伍里，开始大喊大叫。）

　　妈妈：（妈妈给孩子信息反馈。）你做得太棒了！安静地排队等候，不受乔伊影响，默默地数你的数。我相信下次在学校里，遇到要排队等候的情况，万一情绪激动了，你一定可以做同样的事情来让自己平静下来。

注意，在这里，母亲讲解并示范了技能，孩子通过角色扮演练习了技能，母亲给了孩子积极的信息反馈，还鼓励孩子在学校练习这项技能。这就是完整的 5 步法。

范例 3：分享

不要指望 5 岁以下的孩子能够很好地分享自己的东西。从发育的角度来看，幼儿很难愿意分享。教 5 岁以上的孩子学习分享这种社交技能才会有比较好的效果。你可以先给孩子解释都有哪几种不同的分享方式（比如在学校里轮流使用蜡笔或马克笔），然后告诉他在要求别人分享时说"好话"很重要。你可以选择在学校里分享手工作品这个情景来进行示范和角色扮演。下面是一个关于在教授分享技能时该如何说的简短例子。

　　妈妈：我们假装正在学校一起完成一项艺术作品。我假装是你。你假装是内森。
　　孩子：我喜欢内森。
　　妈妈：我知道你喜欢他。（随后，妈妈扮演她的孩子，用愉快的声音说）可以和我一起分享你的蜡笔吗？

孩子：我正在用蓝色的。

妈妈：好。你用完了可以借我用一下吗？

孩子：好。给你！

妈妈：谢谢。你想要用我刚刚用的红色蜡笔吗？

孩子：我想用。

这是一个简单的角色扮演，给孩子展示了分享的步骤。孩子通过学习，知道了如何与小伙伴分享，这能极大地提高他的交流能力。

我们给出的三个范例都是幼儿必须学习的重要社交技能。当然还有许多其他社交技能（如邀请别人一起玩、接受拒绝等），使用这种 5 步法来学习都很适合。这种方法为教授孩子在各种社交场合该如何表现提供了教学框架。记住，建议对 5 岁以上的孩子使用 5 步法。有些孩子很快就能掌握，也有些孩子需要几个月才能学会一种社交技能。一定要有耐心，只要你按照这些步骤耐心地教，孩子最后一定能够学会。最重要的是，让他看见你每天都在日常生活中应用社交技能，这本身对他就是一种身教。教会孩子社交技能是对未来的一种投资。掌握良好的社交技能，你的孩子将受益终生。

不较劲的养育

快速解决棘手问题

2～6岁儿童常见的行为问题有发脾气、攻击行为、不好好吃饭、不想换衣服、乘坐私家车问题、睡眠问题、撒谎、手足之争、幼儿园或学校内行为不当等。在本部分，我们特地选出了这些问题进行重点讨论，因为据我们调查，这些问题是许多父母，尤其是个性强的孩子的父母最关心的问题。

在阅读处理这些具体行为问题的建议之前，你必须了解，我们在此提供的策略必须结合本书前面各部分所学的技巧和策略一起使用。只有综合运用这些技巧和策略，才能取得最好的效果，有效地改变孩子的负面行为。

发脾气

孩子发脾气很常见，尤其是在年幼的个性强的孩子身上更常见。发脾气包括发牢骚、哭喊、咬、踢、扔东西和躺在地上打滚等。孩子发脾气一般有某种目的。也就是说，发脾气通常是想要引起关注、想要得到某种东西或逃避某件事情。无论孩子出于什么原因发脾气，你都应当告诉孩子不可以这样。

如果你的孩子倾向于经常性地发脾气，记住，你不可能完全杜绝他的这种行为。每个孩子都会有发脾气的时候。你的目标应当是尽可能地降低孩子发脾气的频率、降低他发脾气的激烈程度。下面的这些建议可能对你有帮助。

- **关注并表扬孩子的恰当行为。**这样会减少孩子发脾气的可能性。尤其是在孩子感到沮丧时，要使用你在第二部分学习的关注和表扬技巧。当孩子能够采取正确的方法对待沮丧而不是发脾气时，一定要对他表示认可，并及时给予表扬和关注。

- **孩子在饥饿或犯困的时候更容易发脾气。**尽量保证孩子有规律的饮食和充足的睡眠。

- **寻找孩子发脾气的时间规律。**比如，孩子是不是主要在晚上犯困或餐前饥饿的时间段发脾气？如果你找到了时间规律，就应该尽量调整他的作息时间，减少此类发脾气的情况发生。

- **早介入，在孩子发脾气之前或刚开始发脾气时介入。**大多数孩子都不会是上一秒还很乖，下一秒突然发脾气。发脾气一般都有一个过程，起初会有顶嘴、哭闹或叫喊等不当行为。在大多数情况下，你能感知到孩子将要发脾气。一旦你有这种本能感觉，马上介入，不要等。比如，当孩子和你顶嘴时，立即使用计时隔离法，不要等到他的负面行为升级后你才开始反应。

- **无视孩子发脾气。**虽然这样做很难，但是能够确保孩子不会因为其不当行为而受到关注。无视不是要让孩子置身于潜在危险之中。要保证孩子在自己的视线之内。具体参见第 8 章。

- 不能让孩子因为发脾气达到目的。不要让孩子通过发脾气来逃避任何责任。如果孩子因为你说"不"而发脾气，不要改变你的决定。

- 在孩子发脾气过程中尽量放松，保持冷静。要表现得镇定自若，仿佛一切都在你的掌控之中，尽量客观应对事情的发展。不要跟孩子对着叫喊，也不要因为他发脾气而屈服。

- 承认孩子难过的事实，但是，这必须发生在孩子平静下来之后。比如，你可以说："我为你这么生气感到很难过，但是，发脾气不对。"如果你的孩子在 4 岁以上，过一会儿你还可以问他，有没有什么更好的办法来处理类似导致他发脾气的情况。

- 孩子发完脾气后，生活继续。翻篇，把这个插曲抛至脑后。

- 帮助孩子学会用语言表达自己的想法。随着孩子的成长，以及语言能力和表达能力的完善，孩子能够更好地用语言来表达自己的感受与诉求，一般这种情况下，他发脾气的次数会越来越少。

攻击行为

许多个性强的幼儿会采取打、推、扔东西或破坏东西等行为企图达到自己的目的、得到想要的东西。这种攻击行为在两三岁的幼儿身上最常见。随着孩子慢慢长大，身体攻击会慢慢减少。但是，与此同时，语言攻击往往会增加。不过，父母可以采取以下方法来尽量减少孩子的攻击行为。

- 在孩子面临挫折与困难时，如果他采取了正确的行为而不是攻击行为，要给予关注和表扬。比如，当你看见自己的孩子遭到另一个孩子挑衅而选择走开时，要表扬他。

- 危机过后，尝试教会孩子一些可以代替攻击的处理方法。对2～4岁的孩子，你可以给他提供一些建议。比如，你可以说："当你感到生气时，深呼吸，然后来告诉我。"而对4岁以上的孩子，鼓励他自己想一些除了攻击行为之外的解决办法。如果他很难想到好办法，你可以适当给一些建议，比如，你可以帮助他找到合适的语言来表达他的感受。

- 控制孩子接触电子产品。在第3章我们已经讨论过，因为攻击行为在电视和其他媒体上极其常见。

- 让孩子远离现实中的攻击行为。尽量让孩子远离有攻击性的孩子和成年人。如果你自己遇到这样的成年人，赶紧走开，不要回应他们的攻击。这样，你就给孩子树立了好榜样。

- 确保孩子攻击行为的目的不能得逞，不能让他通过攻击行为获得想要的东西。如果他从别的孩子那里抢东西或偷拿东西，他（或你）应该马上把东西还给那个孩子。

- 尽量保持冷静，客观地对待孩子的攻击行为。记住，你要做好榜样。如果你生气发火，就没有给他树立好榜样。

- 对于攻击行为，直接使用计时隔离。孩子出现攻击行为时，不要给予警告，直接使用计时隔离。给孩子警告就相当于告诉他，在受到处分之前他还有一次进行攻击行为的豁免。

● **认同孩子的感受，但一定要让他明白，攻击是要不得的。**比如，在处理完攻击行为之后，你可以说："我知道你生气，但是，不管你有多么生气，都不能打别人。"

不好好吃饭

有些幼儿经常在餐桌旁边跑来跑去，扔食物，从餐桌上抓食物，将食物填满嘴巴或是嘴里含着食物说话。其中任何一种行为都会让父母感到不快，尤其是类似行为不断发生的时候。当这些与吃饭相关的问题反复发生时，父母总是会唠叨或威胁孩子。这种吃饭模式会让父母和孩子都不愉快。

改善孩子吃饭问题行为，最重要的办法就是让吃饭变得更加愉快。在第12章我们已经讨论过家庭用餐时间的重要性，并给出了让吃饭更加愉快的有关建议。如果你的孩子存在吃饭行为问题，请回顾一下那些建议。除此之外，下面还有一些建议能够帮助你管理孩子吃饭时的问题行为。

● **你和其他家庭成员在吃饭时要做好榜样。**父母或孩子的哥哥姐姐有时候也会在吃饭时张着嘴咀嚼或经常离开餐桌，如果父母或孩子的哥哥姐姐都不遵守吃饭规矩，就很难指望孩子吃饭时守规矩。

● **如果孩子吃饭时有不当行为，应当立刻让他受到惩罚。**比如，如果孩子扔食物，就应该让他去计时隔离。在吃饭时间实施计

221

时隔离最简单的办法就是让孩子坐在自己的餐椅上，连餐椅带他一起移开，不让他靠近餐桌。在孩子离开餐桌计时隔离期间，坐在餐桌上的家人可以交谈，但是不要让在计时隔离的孩子参与。

- 一般来说，如果一顿饭期间，孩子被实施了三次计时隔离，那么他这顿饭也就不用吃了。记住，饭后不要给他吃任何零食或点心。

不想换衣服

许多个性强的孩子很抗拒穿衣服。这种抗拒可能是拒绝父母给他穿衣服，也可能是坚持要穿不合时宜的衣服。尽管我们建议可以让孩子自己决定穿什么，但是，在 32℃ 的天气穿毛衣肯定要不得！

另外，要了解孩子在自己穿衣方面的成长规律。长到两岁多，大多数孩子会表现出想要自己穿衣的兴趣。到 3 岁时，大多数孩子只能够自己穿大件衣服。到 4 岁时，他们一般能够自己扣大纽扣。到 5 岁时，除了绑系鞋带，其他的衣物他们一般都能自己穿。记住，孩子在学会穿衣服前就已经会脱衣服了。

考虑到这些成长局限，下面是一些可以帮助解决孩子穿衣问题的建议。

- 如果早上决定穿什么衣服成了问题的话，前一天晚上就把孩子要穿的衣服准备好。最好是把第二天要穿的衣服单独摆放，不要和孩子的其他衣服放在一起。这样，孩子第二天早上起床后看不到其他衣服，就不太会不断改变穿衣决定。

- **给孩子一些穿衣选择，但是，选择不要太多**。前面我们已经建议过，一般最好让学龄前孩子在两件衣服中选择。比如，可以问："你想穿这件红色衬衫还是这件蓝色的？"

- **给孩子足够的穿衣时间**。在许多家庭里，早晨时间仓促，大人孩子穿衣时间都紧张。对于很难催促个性强的孩子迅速穿好衣服这一点，你可能深有体会。很多情况下，你越催他，他越抗拒。给孩子足够的穿衣时间可以杜绝不停地催促。

- **让穿衣充满乐趣**。给孩子唱歌或是放音乐。分散孩子的注意力，让他看看窗外或墙上的画。让孩子说出你正在给他穿的衣服是什么颜色的。

- **在穿衣时不断给予关注和表扬**。比如，你可以说："我们正在把这只袜子穿到你的脚上，我们把它拉得真高。现在我们把另一只袜子套在你的脚趾头上，再拉到你的脚踝上，又把它拉得很高。现在我们把裤脚套在你的脚上，然后把裤腰拉高，拉到最高。"

- **对于早晨离家去幼托中心、幼儿园或学校的孩子而言，培养规律的早间生活很重要**。比如，孩子早上起床后应该刷牙、梳头，然后穿衣。在穿好衣服、吃完早餐前，不允许他看电视或玩游戏。

- 如果你的孩子喜欢拖延，无法在合理的时间内穿好衣服，而且年龄在 4 岁以上，你可以通过和孩子一起玩 "与时钟比赛" 的游戏让早间生活变得更加有趣和高效。用计时器设定合理的时间给他穿衣服。如果他能够 "打败时钟"，在闹铃响之前穿好衣服，就能受到表扬，还有可能会得到某种奖励，比如贴纸或一种特别的早餐食物。

到孩子 4～5 岁时，他就应该在自己穿衣服方面承担更多的责任。为了帮助他学会自己穿衣服，请给他买容易穿的衣服。尽量避免买带有小纽扣或钩子的衣服。在孩子学习自己穿衣服的过程中，一定要多表扬他。一开始教他自己穿衣服，你可以帮他完成穿衣第一步，然后让他自己接着完成后面的步骤。比如，一开始，你可以帮他把袜子穿至脚踝，然后再让他自己拉高、拉到舒服的位置。或者你可以帮他把裤子穿到脚上，然后再让他自己拉上去。一边教他自己穿衣服，一边给他很多表扬和关注。

乘坐私家车问题

父母遇到最崩溃的情景之一就是孩子在私家车中的不当行为。因为父母在开车，行动受限，不能及时采取行动管理孩子的问题行为。

最主要的行车建议就是一定要确保孩子全程受到正确约束。根据孩子的体型正确使用安全座椅、儿童座椅或安全带。从孩子很小的时候开始，你就要养成一个好习惯，要等车内的每一个人，包括你自己，都系好安全带以后才启动车辆。交通事故是造成儿童死亡的主要原因。如果得到正确约束，这些死亡大多数都是可以避免的。在私家车里得到正确约束的孩子不仅更加安全，表现也会更好。

下面这些策略能帮助你预防孩子在私家车中的一些问题行为。

- **设计一些专属的"汽车活动"。** 你可能需要在车上准备一大袋玩具，专门在行车的时间给孩子玩。

- **买一张孩子喜欢的音乐 CD。** 这张 CD 专门放在车上播放，而且只有他表现好时才播放。一旦他表现不好，就立刻停止播放，等他停止不当行为后才继续。

- **开长途时，给孩子带一些零食、饮料、特别的玩具、图画书或旧杂志。** 为打发无聊时光，你可以唱一些特别的歌，可以利用车内的物品玩"寻物侦探"①游戏，也可以玩数数游戏或字母游戏。

- **当孩子在车内表现好的时候，要不断地给予表扬和关注。** 这是最重要的一种策略。记住，要经常使用关注和奖励技巧。

如果孩子确实在车内调皮捣蛋，你要保持冷静。把车靠路边停好，就当是让孩子在车内计时隔离。也就是说，你待在车里，但是要完全无视他，直到他平静或安静下来为止。记住第 8 章中讲过的，无视是指没有肢体交流，没有口头交流，也没有眼神交流。等到他保持安静的时间达到了你平常计时隔离的预期时间时，确认他已经平静下来以后，再重新启动车辆，继续行车。如果赶时间，这会非常让人崩溃。但是，必须让孩子知道，他不能在车内调皮捣蛋。如果孩子经常在车里闹腾，行程安排中要预留出时间来教训他的不

---

① 美国的一种家庭亲子游戏，让孩子在图片或现实环境中搜索并找到指定物品——译者注

当行为。

如果前往的目的地是孩子不愿意去的地方，那么停车并实施计时隔离的方法可能不奏效。在这种情况下，最好是继续行车。如果孩子还不到 4 岁，就尽可能无视他。如果超过 5 岁，就取消他的某项特权。也可以在到达目的地之后再对他实施计时隔离，不过，延后实施的计时隔离效果会大打折扣。

如果车上不止一个孩子，而且他们开始打架，应当立即停车，尽量将他们分开。按照之前所介绍的，对两个打架的孩子同时实施计时隔离。虽然这样做很难，但是效果不错。

睡眠问题

尽管睡眠问题的表现形式多种多样，但在此，我们主要侧重于 4 个问题：上床睡觉、入睡困难、害怕焦虑以及经常醒来。这些问题是幼儿身上最常见的睡眠问题。在许多情况下，这对孩子而言不算什么问题，但对父母而言就是大问题了，特别是如果你是爱睡觉的父母，问题就更严重。如果孩子每晚都出现睡眠问题，那么整个家庭都会面临很大的压力。

想要判断你的孩子睡觉是否有问题，或是想要知道哪些建议适合你，可以查看附表 1-1 "幼儿的一般睡眠规律"。该表归纳了幼儿的一般睡眠习惯。表中所给出的时间是平均时间，个体睡眠时间差别很大。有些孩子需要的睡眠时间少于平均时间，也有些孩子需要的睡眠时间多于平均时间。

附表 1-1　幼儿的一般睡眠规律

年龄（岁）	一般睡眠规律
2	晚上 11.5 小时睡眠 +1.5 小时午休
3	晚上 11 小时睡眠 +1 小时午休
4～5	晚上 12 小时睡眠（没有午休）
6～7	晚上 10～11 小时睡眠（没有午休）

上床睡觉的问题

对于许多父母而言，要把个性强的孩子放到床上是一件非常令人崩溃的事情。有些孩子拒绝躺到床上，而有些孩子虽然躺在床上，但会不断呼喊父母或不停地从床上爬起来跑出卧室。所有的孩子都会偶尔拒绝上床睡觉，也会存在入睡困难现象。但如果这样的事情经常发生，那就是个问题。

睡觉习惯和仪式。防止出现上床睡觉问题的根本方法就是养成固定的作息时间规律。许多有睡眠问题的孩子作息时间都不规律。一定要养成规律的作息时间，否则孩子的身体很难形成规律的睡眠—起床的生物钟。如果你的孩子某天晚上 8 点钟睡觉，第二天晚上 11 点睡觉，第三天晚上 9 点钟睡觉……这样，他就很难养成良好的睡眠习惯。虽然没有人每天的睡觉时间完全一致，但是应该保持大致相同。如果你的孩子入睡困难，最好每天差不多在同一时间叫他起床，即使是周末也不例外。

养成规律的睡觉仪式。这些仪式是孩子每晚睡前要走的流程，其中应当包含 4～7 种可以让人安静放松的活动，比如洗澡、吃零食、刷牙、睡前故事、晚安吻以及在床上摆放毛绒玩具等。睡觉仪式应该持续至少 15～20 分钟。太长时间的仪式很难每晚坚持。如果你的孩子晚上难以安定下来，一定要每晚按照相同的顺序进行这些睡前活动。

一些父母发现玩"与时钟比赛"的游戏有助于解决孩子睡前拖拉的问题。他们用闹钟设定一个自认为孩子可以从容完成睡前各项活动的时间，其目的不是要让孩子匆匆忙忙完成睡前活动，而是要防止他们拖拖拉拉。如果孩子在闹钟响之前一切准备完毕、躺到床上，他就可以多听一个睡前故事。如果采取这种方法，那么就不要随意给他额外增加睡前故事，除非他"打败时钟"，提前完成睡前活动。

对孩子而言，上床是一种过渡。这种过渡对于个性强的孩子来说很难，因此，提前 5～10 分钟告诉孩子，过几分钟就该上床睡觉了。要让这种过渡尽可能平稳，办法之一就是所有游戏活动安排都必须在上床时间之前结束。一旦睡觉时间到，就不允许有任何拖延。

如果你的孩子习惯于在熄灯后要求喝水或上厕所，要采取措施尽量避免这种问题的发生。确保孩子在上床睡觉前喝完水或在他的床头柜上放一杯水，还要确保孩子上床睡觉前去一趟洗手间。

在睡觉活动中要记得给孩子表扬和关注。在孩子洗澡、脱衣服等睡前活动中关注孩子，表达你对他的爱，认可他的努力。

让孩子感觉到睡觉时间是充满爱的时间，要避免干扰。比如，如果你在睡觉时间不接电话，睡前活动就可以尽可能保持一贯的平静。利用这个时间给孩子爱抚，表达你的爱。随着孩子逐渐长大，你可以给他讲讲白天发生的趣事和明天将要发生的好事。

难以入睡。如果你的孩子习惯于躺在床上一两个小时还不能入睡，临时把他上床睡觉的时间调整到更晚一点或许有所帮助。将上床睡觉的时间调整到更接近他自然入睡的时间，这样，他可能会在上床后更快入睡。等他持续在较晚的时间上床即入睡后，再慢慢将上床时间适当调整到早一点。不过，不要一步到位，不要太快地调整到之前的早睡时间，这很重要。比如，如果你让孩子晚上 8 点躺到床上，但他总是要等到 10 点才能入睡，那么，起初请将他上床的时间调整到晚上 10 点左右。等他习惯在 10 点上床迅速入睡后，把他上床的时间调整到晚上 9 点 45 分，持续几个晚上之后，再往前调整 15 分钟，持续几晚后，继续往前调整 15 分钟。如此重复，直到慢慢调整到晚上 8 点钟上床睡觉。如果你想一步到位，那么就会前功尽弃，因为孩子的身体还没有适应早睡。

如果你的孩子还有午休习惯，请留意午休时间。如果午休时间太晚，到晚上正常睡觉时间他可能还不困。我们不建议 4 岁以下的孩子取消午休，但是，请尽量早点让孩子午休，也可以适当缩短午休时间。

如果你的孩子晚上上床之后又爬起来跑出卧室，立刻让他回到自己房间。不要和他讲话，也不要生气。为避免他抱住你，直接从背后抱起他，把他放回床上。然后给他一个眼神，坚定地说："你必须待在卧室里。"

有些孩子不会从床上爬起来，但是会不停地呼唤父母。解决类似睡觉问题的具体办法，请参见"回应孩子对你的频繁呼唤"专栏。

虽然无法让孩子入睡，但是，你可以控制孩子的上床时间，可以让他待在卧室里。规定孩子必须待在卧室里，尽量坚持让孩子待在床上入睡，这样可以避免不必要的矛盾。如果孩子虽然待在他自己的房间，但是躺在门口的地板上，不用理睬，很快他就会知道躺在床上睡觉更舒服。

如果孩子在睡前离开卧室，你的另一种回应就是关上门。如果他习惯睡觉时开着卧室的门，那么在他上床睡觉时，你可以让门开着，并告诉他，如果他跑出卧室，你就会重新把他放回床上，还会关上门。采用这种方法时，关门只是为了强化孩子必须待在卧室里的这条规矩，而不是为了惩罚或者吓唬孩子。如果要关上孩子的卧室门，应该在他的房间里留一盏小夜灯，这样孩子就不至于待在一团漆黑中。另外，关上房门之后，要不时去看看孩子的入睡情况。相关的内容我们稍后会详细介绍。

恐惧与不安。 如果孩子表达了对睡觉的恐惧与不安，比如怕出现怪物，你需要帮助他解决这种不安，这很重要。记住，孩子的想象力很丰富，有时候很难区分想象与现实。你恰好可以利用这一点。不要说世界上根本就没有怪物之类的话，你可以说："作为妈妈，我的任务就是保证不让怪物进咱们家。"另一种对许多家庭都奏效的技巧就是买几支空气清新剂，把空气清新剂的罐子用纸包裹好，在纸上画上一个打上"X"的怪物，并写上"驱怪剂"。晚上孩子上床睡觉前，你和他一起在他的卧室里喷洒"驱怪剂"，确保怪物在夜里不会进入他的房间。当然，随着孩子逐渐长大，这些技巧的效果会越来越差。如果他对睡觉表现得特别害怕和焦虑，那么你可能要考虑寻求专业帮助。

回应孩子对你的频繁呼唤

如果孩子呼唤你，不要马上回应。至少等 3 分钟再去查看。走进孩子房间时，不要抱起孩子或在孩子身边躺下哄他入睡。许多入睡有困难的孩子都是习惯于让父母哄着入睡。他们习惯于依赖父母，而不是独自入睡。走进他的房间的目的，是让他放心，知道你一直都在家里，看到他没事，你也可以放心。

如果他又喊你，等5～7分钟再去他房间。如此循环往复，每次让他等的时间延长几分钟，但最终每次让他等的时间不要超过15分钟。偶尔可以将孩子上床睡觉的时间调得晚一点，等到孩子上床时他会更困，也就会相对较快入睡。

对父母而言，这个过程可能很难，孩子可能会哭。但是，没有证据显示这种做法会伤害孩子。不能在这种时候和孩子讲道理或说睡觉的必要性。学习这种技巧可能需要一周，但是，如果你坚持运用这种技巧，效果会非常好。如果你妥协，抱起孩子或是让他和你一起睡，那就是在助长他的这种不当行为，将来问题会越来越严重。

如果孩子担心睡觉时和你分开，告诉他你会去看他。你可以这样和孩子说："如果你安静地睡觉，每隔5分钟我就会来看你一次。"同时你也要告诉孩子他必须待在房间里。

通常，孩子幼年都是和父母一起睡的。不过，有证据表明，有些孩子能自然地从和父母一起睡过渡到自己单独睡，但许多孩子都很难过渡。据我们了解，许多家庭的孩子到10岁左右仍然需要父母躺在身边才能入睡。我们认为，如果你的目标是让孩子单独睡，那么从孩子幼年开始养成单独睡觉的习惯效果会更好。

如果孩子自觉上床睡觉，并很快入睡，第二天早上一定要表扬他，这很重要。如果前一天晚上他表现很好，一开始你可能需要给他一份特别的早餐或其他小礼物；如果前一天晚上他表现不好，不要教训他或唠叨他，只关注他的进步表现。

经常醒来

大多数孩子在夜里都会醒来几次，但是又会随即自然入睡。不过，有些孩子一旦醒来就很难再入睡。大多数情况下，这是因为他们幼年时期养成的睡眠习惯不好。发生这种情况至少有一部分原因是因为他们习惯被父母哄着入睡，没学会如何自己入睡。对于这些孩子，目标就是要帮助他们学会自己入睡。教会孩子醒后再次入睡与帮助他们在睡觉时学会自己入睡的技巧相似。养成固定的上床时间和睡觉仪式也可以减少半夜醒来相关问题的发生。

如果你的孩子经常半夜醒来，那么要让他在很清醒的时候就上床睡觉，并且在他上床睡觉时不要哄他入睡。他必须学会怎样自己入睡。

如果你的孩子从床上爬起来跑到你的卧室，请按照我们之前介绍的流程去做：让他马上回到自己的床上。如果他不肯，就从背后抱起他，让他背对着你，这样他就没办法缠住你。马上把他抱回床上，坚定地对他说："躺在自己床上。"你可能需要不断重复这些动作，最后孩子才能老老实实地待在他自己的卧室里。必须让孩子知道你是不会妥协让他在你房间睡的。如果他喊你，就按照"回应孩子对你的频繁呼唤"中的建议去做。

实施这种方法的第一晚你会很累，所以，请找一个第二天不用上班的晚上开始实施。尽管刚开始使用这种技巧的头几个晚上会很艰难，但是，这种方法的效果很好。大多数父母都在使用这种技巧的第 1 周就取得了显著效果，有些甚至只使用三四晚就收到明显效果，头两个晚上一般都是最难熬的。

撒谎

幼儿撒谎很常见，这是因为幼儿还不知道撒谎是不对的。学龄前孩子撒谎的原因一部分是因为他们认为人只分为好人和坏人这两种。他们认为，好人就不应该做坏事。所以，为了保持在你眼中"好"的印象，他可能会撒谎。对于大多数幼儿来说，撒谎的目的并不是为了作恶，而是为了保护他们自己免遭惩罚或否定。因此，要利用撒谎事件对孩子进行教育而不是惩罚他。

幼儿一般会说两种谎言。一种是你可能会认为是"吹牛"的谎言。在这种情况中，孩子会编造不实的故事，或者会言过其实。这些都源于幼儿想象力比较丰富，但又分不清想象和现实之间的区别。当你的孩子吹牛时，他通常是在表达他希望真实发生的事情。遇到这种情况时，最好不要大惊小怪，你可以客观地在孩子的故事中加入一些符合现实的内容。

幼儿通常会说的第二种谎言是他们想要得到某个东西或是避免某件事情。在这种情况中，要教育孩子，让他知道撒谎是不对的，说真话很重要。以下方法可供参考。

- **做好诚实的榜样**。我们可能经常会使用一些所谓"善意的谎言"，觉得这样也没有什么不妥，这种情况下，带头讲真话就显得尤其困难。父母可能会在游乐园或电影院谎报孩子的年龄，或是跟某人谎称自己有约在先，无法参加某项活动。当你的孩子无意间听见你的这些谎言时，他很难不将你的这些谎言和他所说的谎言混为一谈。因此，尽量有意识地杜绝当着孩子的面撒谎。

- **表扬诚实。**当你的孩子本可以撒谎但是选择了说真话时，一定要表扬他。让他知道，你很欣赏他的诚实。

- **给孩子解释说真话的重要性。**在孩子很小的时候就要开始告诉他说真话的重要性。在讨论撒谎时，尽量解释得越具体越好，要知道，4 岁以下的孩子很难理解撒谎这个概念。你需要举例解释说真话和撒谎的意思。

- **在孩子撒谎时尽量保持冷静。**当你发现孩子不诚实的时候，不要对孩子大吼大叫，发脾气无济于事。

- **别让孩子的谎言得逞。**如果孩子撒谎是为了得到某个东西，一定不能让他得逞。

- **用一贯的方式对待孩子撒谎。**制定一贯的撒谎处理规则。随着孩子慢慢长大，他知道自己在撒谎，这时应该有处理规则，让他承担相应的后果，比如计时隔离或取消某项特权。

- **不要因为孩子撒谎而羞辱他。**让孩子知道你对他撒谎感到很失望，这没有问题。但是，一定要让他知道，你是对他撒谎的行为感到失望，而不是质疑他的个人价值。避免给孩子贴上"骗子"的标签。

手足之争

非独生子女家庭中都会发生手足之争。这很正常，而且，事实上，孩子们会从中得到宝贵的经验，并学会如何处理和解决矛盾。当你的孩子们在相互纠缠打闹时，要认识到他们正在学习宝贵的社交经验。作为父母，你的目标是尽量减少而非杜绝他们之间的手足之争。手足之争的情况在年龄相差1～3岁的同性手足之间发生得更为严重。我们将研究手足之争最常发生的两个时期：新宝宝出生后及孩子们成长中。

新宝宝

新宝宝出生后，许多哥哥姐姐会嫉妒弟弟妹妹，对他们心怀敌意。有些孩子可能会出现行为退化。比如，他们原本已经学会了自己上厕所，但是弟弟妹妹出生后，他们就开始尿裤子。有些孩子可能会变得沉默寡言或者更加调皮捣蛋，比如变得更加挑剔，需要父母更多的陪伴和关注。由于要努力满足新宝宝的需求，父母往往会感到很难兼顾。不过，当你想要生第二个孩子时，可以采取一些措施帮助老大适应有弟弟妹妹的生活，这样就能减少手足之争。

- **让老大提前有思想准备。**告诉孩子如果你进医院待产将会由谁照顾他。尽量告诉他所有的详情，这样他就不会担心。另外，也要告诉他新宝宝会是什么样子的。告诉他婴儿会经常哭闹，大部分时间都在睡觉。让他知道，尽管你会花很多时间去照顾新宝宝，但是对他的爱不会减少。

- **让老大陪你一起去医院产检、听胎心。** 让孩子积极参与你的产检，给他听听胎心、看看 B 超影像，这样有助于他认识到新宝宝真的来了。

- **如有可能，在新宝宝出生前几个月提前把家里重新布置一下。** 如果你的孩子在使用婴儿床，而你计划将这个婴儿床留给新宝宝使用，那么，请在新宝宝出生前几个月提前将婴儿床搬出孩子的房间，告诉他你要给他换一个大的儿童床，别说你要把婴儿床留给新宝宝用。

- **不要问老大他喜欢要一个弟弟还是妹妹。** 他根本没办法选择。如果他说"都不喜欢"，那你就真的要犯难了。

- **一般最好等到怀孕中期（已经平安度过流产风险最大的时期后）再告诉老大你怀孕的事。** 因为很难给孩子解释流产的事情。

- **不要跟老大讲新宝宝将会是一个很好的玩伴。** 新宝宝出生后要等好久才能和哥哥或姐姐一起玩，不可能马上就和哥哥或姐姐一起玩球，也不会玩其他游戏，老大可能会因为过高的预期而感到失望。

- **不要在预产期前后让老大练习新的生活技能。** 如果老大还没有学会自己上厕所，要么在预产期前几个月就开始训练他自己上厕所，要么等新宝宝出生几个月后再开始训练。

新宝宝出生后，你可以参考以下建议。

- **如果可能，让老大去医院看看新宝宝。**请事先了解一下医院对兄弟姐妹探视新生儿是否有什么规定。

- **让老大帮忙照看新宝宝。**在老大帮忙照看新宝宝时，要不断地关注和表扬他，让照看新宝宝成为你们快乐的体验。如果他不愿意帮忙也不要强迫他。

- **父母通常都很重视婴儿照片和婴儿书。**新宝宝出生后，你可以把老大的婴儿书拿给他看或者摆放出来。你可以为老大制作家庭相册或剪贴簿，让他知道自己也和新宝宝一样独一无二。

- **一定要花时间单独陪伴老大。**你知道，家里有婴儿是很费神的。老大很容易感到被忽视。找时间陪他一起进行你们熟悉的有趣活动。

- **不要无视攻击行为。**如果老大有攻击新宝宝的行为，必须立即对这种行为加以制止，对他实施计时隔离。当然，对老大善待弟弟或妹妹的行为，也应当及时给予表扬。

孩子们的成长过程

手足之争一直是孩子们成长中很正常的一部分。发生手足之争，一般或者是为了在父母面前争宠，抢夺某样东西，或者是争强好胜、不服输。为帮助你减少孩子们之间的手足之争，将其负面影响降至最低，我们提供以下建议。

- **要完全对孩子们一视同仁几乎不可能**。但是，应该尽量让他们知道，你能看到他们的独特优点，认可他们的个人成绩。

- **定期花时间单独陪伴每一个孩子**。尽量分别和每一个孩子进行一些特别的活动。

- **当孩子们融洽相处，特别是在本来很容易彼此争抢的困难情况下还能融洽相处时，要使用关注和表扬技巧，对他们的行为表示认可。**

- **避免在孩子之间互相比较**。虽然每个孩子都各有优缺点，但是，不要将他们各自的优缺点进行比较，这很重要。

- **尽量无视孩子之间的小矛盾**。让孩子们自己解决彼此之间的小矛盾。只有当矛盾激化或上升为肢体冲突时才需要介入。

- **当孩子们打架时，一般很难弄清楚是谁起的头**。除非你真真切切地看到了事情的经过，知道是其中一个孩子的过错，否则，两个孩子都要批评。大多数情况下，孩子们打架，双方都有责任。可能是一个孩子先动的手，但是，常常是另一个孩子先招惹或挑衅的。在孩子们打架时，不要说打架的事。首先，给两个孩子都计时隔离，让他们各自冷静下来。他们打架的问题可以稍后再解决。你眼下的目的是要让两个孩子分开、各自回到自控状态。立刻将两个孩子分开进行计时隔离，他们就不能继续打架了。

- 计时隔离结束后，利用这次矛盾对两个孩子进行教育，教会他们更多正确解决问题的技巧。尽量让他们认识到各自的问题，知道今后有效解决这个问题的办法。年龄小一点的孩子可能需要父母给一些建议。随着孩子慢慢长大，要鼓励他们自己提出建议。

- 尽量不理睬"小报告"。当孩子觉得"打小报告"会让兄弟姐妹有麻烦时，他一般就会跑到父母这里来打兄弟姐妹的"小报告"。如果孩子到你这里来告状，让他回到兄弟姐妹那里去自己解决问题。你可以对孩子的感受表示认可，可以说："我知道这会让你很生气。"你也可以问孩子："你觉得怎样处理比较好？"这种解决问题型的提问有助于让孩子思考，他最终会得出结论，试着去处理问题。

幼儿园或学校内行为不当

许多个性强的孩子不仅在家里，在幼儿园或学校里也同样存在行为问题，这不足为奇。有效解决孩子在校行为问题的办法之一，是父母和孩子的老师建立密切联系。当父母和老师结盟时，管教会更有效。有效往往源于父母与老师保持日常沟通并分享行为管理策略。

下面给父母提供一些能够解决孩子在校行为问题的建议。

- 开学时与孩子的老师见一次面。这次会面主要是为了与老师建立或加强联系，让老师知道你希望配合他，帮助孩子在校取得好成绩。

- **一定要参加所有的家长会及其他家校活动。** 在家长会或其他家校活动前列出准备向老师了解的问题清单。问题应当侧重以下方面：

  "你认为我的孩子有哪些优点和缺点？"

  "你对我的孩子的行为有哪些关注？"

  "你发现哪些有效管理他行为的办法？"

  "他学习怎样？"

  "我在家可以做些什么来帮助他的学业和行为？"

- **准备好你想告诉老师的有关情况。** 比如，跟老师分享有效管理孩子在家行为的方法，或许有一些是你从本书中学到的策略；分享如何能让孩子学得最好（比如通过听或看）的想法；讨论你怀疑孩子可能存在的学习问题。

- **记住我们在第 13 章中所讨论的沟通技巧。** 在与孩子老师的沟通过程中，你可以使用这些沟通技巧。

- **如果你的孩子在学校里问题很严重，与老师共同制订"行动计划"。** 该计划应涉及你们所关心的各个具体方面，详细说明老师和父母所需要解决的问题。

- **经常跟老师"打卡"，谈谈孩子的进步情况。** 打卡方式可以是每天认真填写家校记录，也可以是定期与老师通过电子邮件或电话进行沟通。

● **孩子在校有任何进步都要及时给予奖励。**奖励办法按照第 7
章有关指南实施。

结语

我们已经提供了针对 2～6 岁个性强的孩子的父母常见问题的一些解决
方案。当然，个性强的孩子还会表现出许多其他问题。不过，我们相信现在
你应该能够运用本书中所讨论的策略，想出解决那些问题的办法了。

和其他事情一样，育儿也需要付出努力，做好计划，解决问题。育儿是
工作，但也充满乐趣，因为一切付出都值得。

育儿快乐！

> 百年之后，我现在住的是什么房子、银行有多少存款、开的是
> 什么车……这一切都会变得毫无意义，但是，世界或许会因为我曾
> 在一个孩子的生命中如此重要而有所不同。
>
> ——佚名

不较劲的养育

致 谢

写一本如何养育个性强的孩子的书，或许就像养育一个个性强的孩子一样困难。我们一共花费了 65 年多的时间为个性强的孩子的父母研究并评估养育方法。系统性收集的研究数据及许多父母反馈的信息显示，我们给父母传授的技能不仅帮助他们改善了亲子关系，还帮助他们纠正了孩子个性带来的问题行为，让孩子能够利用其性格中的正面品质。你完全可以相信，我们掌握的这些知识能够帮助父母解困。

本书内容丰富，不仅包括我们的研究成果，还包括我们与个性强的孩子及其父母接触时的临床工作经验。此外，书中还介绍了我们自己做父母时的经验。因为我们也曾切身体会育儿之路的艰辛与坎坷，深知要将书中所说的育儿技巧应用到生活实践中的困难，所以，我们提出的育儿建议都从实际出发，切实可行。

本书自面世以来，就一直存在有关父母对孩子的影响程度的争议。在《教养的迷思：父母的教养方式能否决定孩子的人格发展？》（*The Nurture Assumption: Why Children Turn Out the Way They Do*）一书中，该书作者朱迪斯·R. 哈里斯（Judith R. Harris）就对父母的养育方式在孩子心智和情感发育中的重要性提出质疑。同其他许多行为学研究人员的观点一样，我们认为父母的养育方式确实影响孩子的成长发育，许多研究也都支持我们的观点。正如我们在第 1 章和第 3 章中所讨论的那样，尽管有许多其他因素会对孩子的行为造成影响，但是，父母对孩子，特别是对年幼孩子的影响举足轻重。

本书的撰写离不开许多人的辛勤工作。在此，特别感谢罗伯特·J. 麦克马洪（Robert J. McMahon）和艾琳·奈特（Irene Knight）。麦克马洪是《帮助不听话的孩子：对立行为的家庭治疗》（*Helping the Noncompliant Child: Family-Based Treatment of Oppositional Behavior*）的作者。这本书为本书的撰写奠定了基础。在我们不断地研究、实施和传播我们育儿计划的过程中，他一直是我们的指路明灯，同时也是一位非常棒的同事。奈特不厌其烦地反复输入手稿，没有她，就没有这最新的修订版！

我们还要感谢麦格劳 - 希尔的菲奥纳·萨恩（Fiona Sarne），感谢她的支持、鼓励和反馈。她的能力远远超出一名普通编辑的水平。我们还要感谢麦格劳 - 希尔的南希·霍尔（Nancy Hall）、朱迪思·麦卡锡（Judith McCarthy）及其他员工，感谢他们的重要贡献。

家庭的支持与爱，以及成员的学习能力绝不应被低估，我们对此感同身受。自本书发行以来，我们的孩子已逐渐长大成人，其中一位也已为人母。我们感谢自己的孩子、爱人及父母，感谢他们让我们学会更多。

以下是雷克斯·福汉德的感谢致辞。我有幸得到父母老雷克斯和莎拉，以及孩子劳拉和格雷格的爱与支持，并从他们身上获得了许多宝贵的学习经验。感谢你们！这世上或许只有一个人在小学一年级时便坠入爱河，并且再未爱过第二个人，后来有幸与所爱之人喜结良缘，迄今已携手幸福地走过 44 年。那个人就是我！莱尔，感谢你的支持，感谢你对生活的热情，感谢你克服困难的勇气，感谢你在低谷中保持乐观的能力，感谢因你希望改变而给我们的生活带来的高质量的新体验。更重要的是，感谢你的爱与陪伴！

以下是尼古拉斯·朗的感谢致辞。我也同样有幸拥有一个充满爱并互相支持的家庭。我要感谢我的父母约翰和琼，感谢他们为我树立了慈爱父母的好榜样！感谢我的弟弟亚当，他出生那年我 15 岁，是他让我意识到孩子有多么美好。我之所以决定以研究孩子为职业，很大程度上是受到弟弟的影响。我还要感谢我的孩子们，贾斯汀和亚历克斯，感谢他们对我一如既往的爱与支持。能拥有如此优秀的两个儿子，我何其有幸！最后，我要感谢我的爱人莎伦。在我眼里，你是世界上最好的妈妈。你对孩子们无私的爱教会了我许多！

我们的友谊长达 30 年。共同撰写此书，以及其他专业合作和私人交往使我们的友谊日益深厚。我们彼此鼓励、相互支持、相得益彰。拥有彼此的陪伴并有机会分享这次写作经历，我们何其幸运！

为人父母，其挑战令人生畏，而其回报直击生而为人的核心意义——亲密、成长、学习与爱。

——卡内基公司

在参考资料部分，我们为父母推荐了一系列书籍，还为需要了解5周教养方案更多相关信息的专业人士提供了参考文献和资源。

可供父母阅读的书籍

想了解与本书话题有关的更多信息，可参考以下书籍。

- Barkley, R. (2000). Taking Charge of ADHD: The Complete, Authoritative Guide for Parents. New York: Guilford Press.
- Brooks, R., and S. Goldstein. (2002). Raising Resilient Children: Fostering Strength, Hope, and Optimism in Your Child. New York: McGraw-Hill.
- Elkind, D. (2007). The Power of Play: Learning What Comes Naturally. Philadelphia: De Capo Press.

- Ferber, R. (2006). Solve Your Child's Sleep Problems: New, Revised, and Expanded Edition. New York: Fireside.
- Gottman, J., and N. Silver. (2000). The Seven Principles for Making Marriage Work. New York: Three Rivers Press.
- Long, N., and R. Forehand. (2002). Making Divorce Easier on Your Child: 50 Effective Ways to Help Children Adjust. New York: McGraw-Hill.

可供专业人士阅读的资料

　　想了解更多有关 5 周教养方案信息的专业人士可能会对下列文献感兴趣。这些文献包括临床干预（帮助不听话的孩子）以及对 5 周教养方案及《不较劲的养育》这本书本身的评估研究等。其中临床干预是 5 周教养方案开展的基础。

- Conners, N. A., M. C. Edwards, and A. S. Grant. (2007). "An Evaluation of a Parenting Class Curriculum for Parents of Young Children: Parenting the Strong-Willed Child." Journal of Child and Family Studies, 16, 321–330.
- Forehand, R. L., M. J. Merchant, N. Long, and E. Garai. (2010). "An Examination of Parenting the Strong-Willed Child as Bibliotherapy for Parents." Behavior Modification, 34, 57–76.
- McMahon, R. J., and R. L. Forehand. (2003). Helping the

Noncompliant Child: Family-Based Treatment for Oppositional Behavior. (2nd edition). New York: Guilford.

- McMahon, R. J., N. Long, and R. Forehand (2010). "Parent Training for the Treatment of Oppositional Behavior in Young Children: Helping the Noncompliant Child." In R. Murrihy and T. Ollendick (eds.), Handbook of Clinical Assessment and Treatment of Conduct Problems in Youth. New York: Springer.

未来，属于终身学习者

我这辈子遇到的聪明人（来自各行各业的聪明人）没有不每天阅读的——没有，一个都没有。巴菲特读书之多，我读书之多，可能会让你感到吃惊。孩子们都笑话我。他们觉得我是一本长了两条腿的书。

——查理·芒格

互联网改变了信息连接的方式；指数型技术在迅速颠覆着现有的商业世界；人工智能已经开始抢占人类的工作岗位……

未来，到底需要什么样的人才？

改变命运唯一的策略是你要变成终身学习者。未来世界将不再需要单一的技能型人才，而是需要具备完善的知识结构、极强逻辑思考力和高感知力的复合型人才。优秀的人往往通过阅读建立足够强大的抽象思维能力，获得异于众人的思考和整合能力。未来，将属于终身学习者！而阅读必定和终身学习形影不离。

很多人读书，追求的是干货，寻求的是立刻行之有效的解决方案。其实这是一种留在舒适区的阅读方法。在这个充满不确定性的年代，答案不会简单地出现在书里，因为生活根本就没有标准确切的答案，你也不能期望过去的经验能解决未来的问题。

而真正的阅读，应该在书中与智者同行思考，借他们的视角看到世界的多元性，提出比答案更重要的好问题，在不确定的时代中领先起跑。

湛庐阅读App：与最聪明的人共同进化

有人常常把成本支出的焦点放在书价上，把读完一本书当作阅读的终结。其实不然。

时间是读者付出的最大阅读成本

怎么读是读者面临的最大阅读障碍

"读书破万卷"不仅仅在"万"，更重要的是在"破"！

现在，我们构建了全新的"湛庐阅读"App。它将成为你"破万卷"的新居所。在这里：

● 不用考虑读什么，你可以便捷找到纸书、电子书、有声书和各种声音产品；

● 你可以学会怎么读，你将发现集泛读、通读、精读于一体的阅读解决方案；

● 你会与作者、译者、专家、推荐人和阅读教练相遇，他们是优质思想的发源地；

● 你会与优秀的读者和终身学习者为伍，他们对阅读和学习有着持久的热情和源源不绝的内驱力。

下载湛庐阅读 App，
坚持亲自阅读，
有声书、电子书、阅读服务，
一站获得。

CHEERS

本书阅读资料包
给你便捷、高效、全面的阅读体验

本书参考资料

☑ **参考文献**
为了环保、节约纸张，部分图书的参考文献以电子版方式提供

☑ **主题书单**
编辑精心推荐的延伸阅读书单，助你开启主题式阅读

☑ **图片资料**
提供部分图片的高清彩色原版大图，方便保存和分享

相关阅读服务

☑ **电子书**
便捷、高效，方便检索，易于携带，随时更新

☑ **有声书**
保护视力，随时随地，有温度、有情感地听本书

☑ **精读班**
2~4周，最懂这本书的人带你读完、读懂、读透这本好书

☑ **课 程**
课程权威专家给你开书单，带你快速浏览一个领域的知识概貌

☑ **讲 书**
30分钟，大咖给你讲本书，让你挑书不费劲

湛庐编辑为你独家呈现
助你更好获得书里和书外的思想和智慧，请扫码查收！

(阅读资料包的内容因书而异，最终以湛庐阅读App页面为准)

图书在版编目（CIP）数据

不较劲的养育 / （美）雷克斯·福汉德
(Rex Forehand)，（美）尼古拉斯·朗
(Nicholas Long) 著 ；袁伟译. -- 杭州 ：浙江教育出版
社，2022.8
　书名原文：Parenting the Strong-Willed Child
　ISBN 978-7-5722-4185-7

　Ⅰ. ①不… Ⅱ. ①雷… ②尼… ③袁… Ⅲ. ①学前儿
童－家庭教育 Ⅳ. ①G781

中国版本图书馆CIP数据核字(2022)第143253号

上架指导：育儿 / 科学教养

不较劲的养育
BUJIAOJIN DE YANGYU

［美］雷克斯·福汉德（Rex Forehand）［美］尼古拉斯·朗（Nicholas Long）　著
袁伟　译

责任编辑：童炜炜
文字编辑：周嘉宁
美术编辑：曾国兴
封面设计：ablackcover.com
责任校对：朱雅婷
责任印务：刘　建
出版发行：浙江教育出版社（杭州市天目山路 40 号　电话：0571-85170300-80928）
印　　刷：唐山富达印务有限公司
开　　本：710mm ×965mm 1/16
印　　张：16.50　　　　　　　　字　　数：227 千字
版　　次：2022 年 8 月第 1 版　　印　　次：2022 年 8 月第 1 次印刷
书　　号：ISBN 978-7-5722-4185-7　　定　　价：79.90 元

如发现印装质量问题，影响阅读，请致电 010-56676359 联系调换。